Richard Riess (Hg.)

Drei Zeilen trage ich mit mir

Richard Riess (Hg.)

Drei Zeilen trage ich mit mir

Worte, die ein Leben begleiten

Herder
Freiburg · Basel · Wien

Umschlaggestaltung: S. P. Radtke, Berlin

Satz: Barbara Herrmann, Freiburg
Belichtung: Johannes Schimann, Ingolstadt
Druck und Bindung: Freiburger Graphische Betriebe 1995
Gedruckt auf umweltfreundlichem, chlorfrei gebleichtem Papier
ISBN 3-451-23388-6

Inhalt

Texte, die tragen – Einführung

Richard Riess

Das vorliegende Buch enthält eine Auswahl von literarischen Texten, die im Leben von Menschen wichtig geworden sind. Man übertreibt sicher nicht, wenn man sagt: Es sind Worte, die auf eher stille Weise das Leben von Menschen tragen oder eine Zeit lang zumindest getragen haben. Aber – so ließe sich einwenden – können Texte denn wirklich tragen, können Worte ein Leben begleiten? Was kann heute schon tragen?

Gewiß, wir leben in Zeiten, in denen vieles zerbricht, was lange gehalten hat: die Ehrfurcht vor der Schöpfung, die letzte Scheu vor dem Todesstoß und die Sehnsucht der Schiffbrüchigen nach dem Überleben. Offenbar sind wir, die Sachwalter dieser Zeit, dabei zu verlieren, was Friedrich Heer einmal die großen Tugenden des Mittelalters genannt hat: die „dona lacrimarum", die Gabe der Tränen, und die Kunst des Niederkniens. Trotzdem geht es um eine Erneuerung des Blickes. Trotzdem gilt es, das andere nicht auszublenden und für totzuerklären: das, was immer noch spricht, was immer noch aufbaut, was immer noch weiterlebt. Das Lächeln der Mutter etwa und jene Umarmung des Vaters, all die Freundschaft auch und die Musik, die innen weiterklingt, und dieser Schatz an Erinnerung, Traum und Licht. Nicht zu vergessen die Kraft der Bilder, die von Kindesbeinen an wächst – Bilder vom Flug des Vogels und von der angelehnten Tür, vom Mond über dem Haus und vom Glanz in den Augen des Kindes. Auch sie können tragen –

selbst über Abgründe, selbst über letzte Abschiede hinweg."

„Ich habe immer mehr an Bildern gehangen als an Worten" – läßt Christa Wolf ihre Kassandra sagen -, „es ist wohl merkwürdig und ein Widerspruch zu meinem Beruf, aber dem kann ich nicht mehr nachgehn. Das Letzte wird ein Bild sein, kein Wort. Vor den Bildern sterben die Wörter" (Christa Wolf, Kassandra. Eine Erzählung. Darmstadt/Neuwied 1983, 26).

Ich halte es allerdings nicht für angebracht, einen künstlichen Gegensatz aufzubauen und das Bild gar auszuspielen gegen das Wort. Das Bild ist so lebenswichtig wie die Musik und das Wort. Manchmal ist es einen Augenblick lang sogar zu ahnen: Jenseits der Grenzen, bis zu denen unser Auge und unser Gehör und unsere Sinne überhaupt reichen, gibt es wohl einen Bereich, in dem sich Bild und Musik und Wort versöhnen und sich letztlich als Gefäße enthüllen – und sei es für die Botschaft von Engeln und sei es für die Stimme des Lebens.

Eine Auswahl von Texten, die auf ihre Weise tragen. Was für Texte? Faßt man das Wort so weit wie möglich – als Sprache der Wirklichkeit, versammelt in tausend Facetten und verdichtet in zahlreichen Formen, vom genetischen Code bis zu den Farben des Schmetterlings, vom Buch der Natur bis zu den Fetzen eines bizarren Traumes -, dann beginnt der „Text", dieses feinsinnige „Gewebe", wie im Taumel zu verschwimmen. Dann kann alles tragen – oder auch nichts. Denn der Begriff wird zu weit. Er greift nicht mehr. Deshalb soll „Text" hier in seinem herkömmlichen Sinn verstanden werden: als eine literarische Gestalt von Sprache, die auf ihre wohlüberlegte und eigenwillige Weise einen Ausschnitt von Wirklichkeit zu erfassen und widerzuspiegeln sucht.

Zeit unseres Lebens treffen wir auf solche Texte, auf

solche Worte. Zeit unseres Lebens schöpfen wir Kraft aus einer Tradition, in der eine Fülle von Texten überliefert und ausgehändigt wird: in der Familie schon und in der Schule, in der Kirche und im Beruf, in der Kunst und in der Wissenschaft. Die Begegnung mit Worten ist – so gesehen – in der Biographie verankert. Sie ist – so gesehen – mit der Geschichte der Kultur und mit dem Kontext des Lebens aufs engste verknüpft. So trifft denn auch der heranwachsende Mensch in seinem biographischen Kontext auf eine Fülle von Textarten, auf einen Reichtum an literarischen Formen, die schon von früh an eine Resonanz in seinem Inneren finden. Immer schon nämlich haben sie ihre Faszination nicht verfehlt:

das Märchen und das Wiegenlied,
das Gedicht und der Choral,
der Psalm und der Traum,
das Schauspiel und der Brief,
der Mythos und das Tagebuch …

Solche Texte, mit Liebe entdeckt und ins eigene Leben eingelassen, können in der Tat aufrütteln und trösten, ermutigen und tragen. Zumal in einer Welt der leeren Phrasen, der raffinierten Werbesprüche, der massiven Propagandamaschinen. Texte, die tragen, Worte, die begleiten, wirken bisweilen sogar wie Balsam, wie eine Arznei gegen die Verwirrung, gegen die Angst und die Sprachlosigkeit. Texte, die tragen, sind – so gesehen – mehr als Zitate, die man zum Beweis seiner Bildung dann und wann zum besten gibt.

„Es gibt für mich keine Zitate" – so Ingeborg Bachmann in einem Gespräch –, „sondern die wenigen Stellen in der Literatur, die sind für mich das Leben. Und es sind keine Sätze, die ich zitiere, weil sie mir so sehr gefallen haben, weil sie schön sind oder weil sie bedeutend sind, sondern weil sie mich wirklich erregt haben. Eben wie Leben" (Ingeborg Bachmann, Wir müssen wahre Sätze finden. Gespräche und Interviews. Hg. von Christine Koschel und Inge von Weidenbaum. München 1983, 69).

Vielleicht ist es das, was Menschen an der Musik, an der Literatur, an der Malerei und an den bildenden Künsten immer wieder so fasziniert: daß sich darin soviel Leben widerspiegelt, soviel Schmerz und soviel Hoffnung, soviel Aufschrei und soviel Wahrheit. Um nochmals Ingrid Bachmann zu Wort kommen zu lassen: „‚Ihre Worte' habe ich geschrieben, nachdem ich mich fünf Jahre nicht mehr traute, ein Gedicht zu schreiben, keines mehr schreiben wollte, mir verboten habe, noch so ein Gebilde zu machen, das man Gedicht nennt. Ich habe nichts gegen Gedichte, aber Sie müssen sich denken, daß man plötzlich alles dagegen haben kann, gegen jede Metapher, jeden Klang, jeden Zwang, Worte zusammenrücken zu lassen, gegen dieses absolute glückliche Auftretenlassen von Worten und Bildern ... Die Vorzüge jeder Sprache wurzeln in ihrer Moral, hat Karl Kraus einmal gesagt, das habe ich für mich zu verstehen gesucht. Lassen wir es einmal dahingestellt sein, was er damit meinte, aber ich durfte wohl meinen, daß noch nicht aller Tage Abend ist mit den Geschichten, die schon geschrieben waren. Ich habe mich immer aufgefordert gefühlt und war darum auf Aufforderung aus, ich möchte drum auch die Worte in die Schranken fordern dürfen, auffordern dürfen, zu ihrer Wahrheit zu kommen" (Ingeborg Bachmann, aaO., 25).

Gewiß, auch eine noch so gelungene Auswahl von Leben begleitenden Texten kann jenes „absolute glückliche Auftreten von Worten und Bildern" nicht sicherstellen. Aber sie kann uns die Augen öffnen helfen für einen Weg, auf dem Worte „zu ihrer Wahrheit kommen" – Worte, an die sich ein Leben anlehnen kann. Aus diesem Grund habe ich mich mit der Bitte an Menschen gewandt, sich eines Textes zu besinnen, der ihr Leben gestärkt, begleitet und getragen hat oder noch immer trägt. Viele namhafte Persönlichkeiten aus Wissenschaft, Politik und Kunst, Wirtschaft, Therapie und Kirche sind der Bitte nachgekommen, „ihren" Text zu nennen und dazu einen persönlichen Beitrag zu schreiben.

So ist dieses Buch gedacht und so ist es entstanden: als Literatur von großer Bandbreite, mit Worten, die zuinnerst zu einer Biographie gehören und zugleich auch wieder über sie hinausweisen. Eine Dokumentation bei näherer Betrachtung, in der engagierte Zeitgenossinnen und Zeitgenossen gerade auch ihr Verhältnis zu den Zeitläuften im Zwanzigsten Jahrhundert widerspiegeln. Es ist sicherlich kein Zufall, daß wir durch ihre Anstöße – die Zwischenüberschriften des Buches zeigen es – auch auf die großen Themen unseres ausgehenden Jahrhunderts treffen: Identität und Natur, Spiritualität und Zeit, Tod und Ethik, Sensibilität und Traum.

Den Autorinnen und Autoren dieses Buches wie auch dem Verlag Herder bin ich besonders zu Dank verbunden, daß sie sich auf meine Anfrage und Bitte eingelassen haben. Die Erfahrung mancher Absagen hat mich auch gelehrt, daß es durchaus viel Mut braucht, sich mit einem persönlichen Bekenntnis dieser Art den Blikken anderer auszusetzen. Gerade deshalb hoffe und wünsche ich auch sehr, daß dieses Buch bei seinen Leserinnen und Lesern eine gute Aufnahme findet und gerade als eine Auswahl verschiedenster Texte aus verschiedensten Zeiten echte, lebensbegleitende Anregung schenkt.

Ausdrücklich danken möchte ich zum Schluß vor allem auch Frau Petra Götz und Herrn Martin Bartholomäus, die mir bei der Entstehung des Buches in vieler Hinsicht behilflich waren.

I

Woher – wohin – denn ich?

Helmut Ammann: Seid aber Täter des Wortes,
nicht Hörer allein, 1985.

Die Frage der Fragen

Schalom Ben-Chorin

Vor dem Ende sprach Rabbi Sussja:
In der kommenden Welt wird man mich nicht fragen:
Warum bist du nicht Mose gewesen?
Man wird mich fragen:
Warum bist du nicht Sussja gewesen?

Martin Buber

Martin Buber berichtet in seinem Buch „Die Erzählungen der Chassidim" von der Sterbestunde des Rabbi Sussja von Hanipol unter der Überschrift „Die Frage der Fragen".

Diese kurze Anekdote hat mich immer wieder zu existentiellem Nachdenken bewegt, denn hier wird in ganz wenigen Worten ausgesprochen, was wir alle uns zu fragen haben: *„Die Frage der Fragen"*.

Es ist vielleicht nötig zu erklären, um wen und was es sich handelt. Rabbi Sussja von Hanipol ist einer der Zaddikim, der charismatischen Meister des Chassidismus der dritten Generation. Der Chassidismus stellt eine pietistische Bewegung des Ostjudentums im 18. Jahrhundert dar, begründet durch Rabbi Israel Baal Schem Tov aus Podolien. Der Chassidismus hat die Volksfrömmigkeit des Herzens neu bewegt, gegenüber einem intellektuell hochgezüchteten orthodoxen Judentum talmudischer Gelehrsamkeit.

Wer da nicht mithalten konnte, das schlichte Volk der Handwerker und Händler, der armen Wasserträger und der auf dem Lande lebenden Schankwirte und Kutscher, zählte einfach nicht mit. Der Baal Schem aber eröffnete den Ungelehrten neue Tore zum Glauben, betonte das Emotionale und ließ die Freude anstelle einer strengen Askese (oder Halb-Askese) die Seelen zu Gott erheben.

Zur dritten Generation des Chassidismus gehörte Rabbi Sussja von Hanipol, ein Schüler des großen Maggid Dov Bär von Mesritsch, der noch selbst zu den Füßen des Baal Schem saß. Die Zaddikim führten ihre Jünger, die Chassidim, durch Lehre und Beispiel in die Gottesnähe.

Martin Buber betont, daß nicht nur die Lehre des Zaddik, sondern sein Dasein die entscheidende Wirkung übte, nicht nur in religiösen Zeremonien, sondern im gelebten Alltag. „Ich habe", sagte ein Zaddik, „von allen Gliedern meines Lehrers Thora, Gotteslehre, gelernt." Die chassidischen Zentren in Osteuropa wurden von den Deutschen im Zweiten Weltkrieg restlos zerstört, und nur einige wenige Zaddikim konnten sich nach Israel und den USA retten, wo neue Zentren entstanden, die aber nicht mehr die ursprüngliche Kraft der Bewegung besitzen.

Rabbi Sussja von Hanipol trägt unter den Zaddikim ganz eigene Züge, rückt ihn vielleicht in die Nähe des Franziskus von Assisi. Bei Buber wird er der Narr Gottes genannt, dessen Gottesliebe seine Gottesfurcht überbot. Er lebte, wie Franziskus, in bitterer Armut, er predigte zwar nicht den Vögeln, aber er ließ Vögel aus ihrem Käfig frei, da er die Freiheit der Kreatur für gottgewollt erkannte, nicht nur die Freiheit des Menschen.

Seine Betonung des Wertes der Seele gegenüber dem minderen Wert des Leibes, den Franz von Assisi bekanntlich einen Esel nannte, knüpfte Sussja an eine halachische, religionsgesetzliche Vorschrift: Das Amen auf einen Segensspruch darf nicht lauter sein als der Segensspruch selbst. Denn es ist die Seele, die die Benediktion spricht, und der Leib, der darauf antwortet.

Sussja war Zeit seines Lebens ein Wanderer. Er durchzog die Städtchen der Juden in Polen, sammelte Geld für die Befreiung von Gefangenen und scheute keinen Weg und keine Demütigung, um gefährdete Seelen zu retten. Auf seinem Grabstein stand: „Der Gott in Liebe diente, der sich der Leiden freute, der viele der Schuld entwandte." Ist das nicht Geist vom Geiste des Franziskus, Gottesnähe, quer durch die Religionen und Konfessionen hindurch?

Auf dieses heimliche Wehen des Geistes weist auch Buber hin, wenn er betont, daß der Baal Schem Tov, der Gründer des Chassidismus, der im selben Jahre geboren und gestorben ist wie der Graf Zinzendorf, Gründer der Brüdergemeine, die sehr ähnliche Züge wie der Chassidismus trägt. Menschen des Geistes wissen oft nicht voneinander und begegnen sich doch in heimlichen Welten.

Nun aber zu dem Vermächtnis des Rabbi Sussja von Hanipol: Was meinte er damit, wenn er seinen Jüngern offenbarte, daß er in der kommenden Welt nicht gefragt würde, warum er nicht wie Mose gewesen sei, sondern wie Sussja? Damit will gesagt sein, daß wir zwar die großen Vorbilder in der Heiligen Schrift vor uns haben, aber gemessen werden wir nicht an den Heroen des Glaubens, sondern an uns selbst. Haben wir, in unserem Leben, bewährt, was die Gnade Gottes in uns gelegt hat, oder haben wir unsere Tage wie ein leeres Geschwätz verbracht?

Die Zeit ist unser kostbarstes Gut. Sie kann nicht zurückgeholt werden, und unsere Jahre sind streng bemessen. Je älter ich werde, desto mehr werde ich mir dieser Limitierung bewußt und muß mich fragen, ob ich das verwirklicht habe, was mir als ein Pfand aus der Hand des Schöpfers gegeben wurde.

Es sind vielleicht nicht nur unsere Sünden im Umgang von Mensch zu Mensch und von Mensch zu Gott, über die wir Rechenschaft abzulegen haben, sondern die große Schuld der Vergeudung unserer Kräfte und Möglichkeiten durch ein Sich-Verlieren an Nichtiges klagt uns an.

Wir haben die großen Vorbilder, denen wir nicht gewachsen sind. Wer von uns hätte den Glauben Abrahams, wer die Gotteserkenntnis unseres Lehrers Mose, mit dem Gott von Angesicht zu Angesicht wie ein Mann mit seinem Freunde gesprochen hat, wer von uns könnte sein Herz zu Gott erheben wie David, der Dichter der Psalmen? Der Christ bemüht sich (oder sollte sich bemühen), in der Nachfolge Christi seinem Meister immer ähnlicher zu werden. Wem aber gelingt das? Müssen nicht viele immer wieder erkennen, daß solche Nachfolge ein Bemühen bleibt, das nur ganz wenigen zu gelingen vermag? Aber das, was in uns gelegt ist, so viel oder so wenig es sein mag, das sollten wir nutzen, und vergeuden es so oft.

Der Maler Max Liebermann meinte einmal, in skeptischer Ironie: Mit 16 Jahren Talent haben, das ist gar nichts, aber mit 18 Jahren noch Talent haben, das bedeutet viel. In zwei Jahren der Jugend, so betonte Meister Liebermann, lassen wir nur all zu oft die in uns gelegten Keime verkümmern. Mit langsamer Sicherheit tritt bei den meisten Menschen die Banalisierung ein. Wenn schon Achtzehn eine Grenze ist, was sollen wir dann bei Achtzig sagen? Wie viele Hoffnungen haben wir mutwillig in unserem Leben den Forderungen oder vermeintlichen Forderungen des Tages geopfert? Und dann stehen wir, nach vermeintlicher Erfüllung unserer Pflichten, mit leeren Händen da. Dann werden wir nicht gefragt, ob wir wie die ganz Großen waren, die von sich sagen können: „Es wird die Spur von meinen Erdentagen nicht in Äonen untergehn", sondern ob wir jenes Maß erfüllt haben, das uns zugeordnet war.

Die Kabbala, die jüdische Mystik, sieht, ähnlich wie fernöstliche Religionen, die Möglichkeit einer Reinkarnation, einer Wiedergeburt oder Seelenwanderung vor. Ich meine, daß diesen Gedanken nicht nur das Problem von Schuld und Sühne zugrunde liegt, so daß wir Sünden büßen müßten, die wir in vergangenen Leben begangen haben. Ich meine, daß es sich vor allem um die versäumten Möglichkeiten handelt. Wir haben die uns zugemessenen Tage und Jahre nicht zur Produktivierung voll ausgeschöpft und sollen daher in künftigen Leben die unbewältigte Vergangenheit aufarbeiten. All das liegt für mich in dem knappen Abschiedswort des Rabbi Sussja von Hanipol, das uns Martin Buber überliefert hat.

Nach diesem Abschiedswort wird der Vater im Himmel im Bilde eines irdischen, liebenden Vaters gesehen, der von seinem Kind nicht Leistungen verlangt, die seinem Alter und seinen Fähigkeiten nicht angemessen wären, der aber aus seinem Sohn oder seiner Tochter das herausholen will, was er als das ihm oder ihr zugeteilte Erbe kennt und erkennt.

Der Mensch muß nicht nur *wesentlich werden,* er muß *er selbst werden:* Leben als Prozeß der Individuation. Mich selbst erkennen ist nicht genug. Mich selbst bewähren wird von mir verlangt.

Das Baltimore-Gebet

Elisabeth Moltmann-Wendel

Gehe ruhig und gelassen durch Lärm und Hast und sei des Friedens eingedenk, den die Stille bergen kann. Stehe, soweit ohne Selbstaufgabe möglich, in freundlicher Beziehung zu allen Menschen. Äußere deine Wahrheit ruhig und klar und höre anderen zu, auch den Geistlosen und Unwissenden; auch sie haben ihre Geschichte.

Meide laute und aggressive Menschen, sie sind eine Qual für den Geist. Wenn du dich mit anderen vergleichst, könntest du bitter werden und dir nichtig vorkommen; denn immer wird es jemanden geben, größer oder geringer als du. Freue dich deiner eigenen Leistungen wie auch deiner Pläne.

Bleibe weiter an deiner eigenen Laufbahn interessiert, wie bescheiden auch immer. Sie ist ein echter Besitz im wechselnden Glück der Zeiten. In deinen geschäftlichen Angelegenheiten laß Vorsicht walten; denn die Welt ist voller Betrug. Aber dies soll dich nicht blind machen gegen gleichermaßen vorhandene Rechtschaffenheit. Viele Menschen ringen um hohe Ideale; und überall ist das Leben voller Heldentum.

Sei du selbst, vor allen Dingen heuchle keine Zuneigung: Sei nicht zynisch, was die Liebe betrifft; denn im Angesicht aller Dürre und Enttäuschung ist sie doch immerwährend wie das Gras.

Ertrage freundlich-gelassen den Ratschluß der Jahre, gib die Dinge der Jugend mit Grazie auf. Stärke die Kraft des Geistes, damit sie dich in plötzlich hereinbre-

chendem Unglück schütze. Aber beunruhige dich nicht mit Einbildungen. Viele Befürchtungen sind Folge von Erschöpfung und Einsamkeit. Bei einem heilsamen Maß an Selbstdisziplin sei gut zu dir selbst.

Du bist ein Kind des Universums, nicht weniger als die Bäume und die Sterne; du hast ein Recht, hier zu sein. Und ob es dir nun bewußt ist oder nicht: Zweifellos entfaltet sich das Universum wie vorgesehen.

Darum lebe in Frieden mit Gott, was für eine Vorstellung du auch von Ihm hast und was immer dein Mühen und Sehnen ist. In der lärmenden Wirrnis des Lebens erhalte dir den Frieden mit deiner Seele.

Trotz all ihrem Schein, der Plackerei und den zerbrochenen Träumen ist diese Welt doch wunderschön. Sei heiter. Strebe danach, glücklich zu sein.

Diesen Text, der die Unterschrift trägt: „Aus der alten St.Paul's Kirche in Baltimore von 1692" gab mir eine Frau, als ich gerade das Buch geschrieben hatte „Ein eigener Mensch werden" und selbst auf dem Wege war, ein eigener Mensch zu werden, losgelöst von der von Kirche und Gesellschaft erwarteten weiblichen Geschlechtsrolle. Seither begleitet er mich, tröstet mich, stabilisiert mich. Zu Zeiten verschwindet er unter vielen anderen Papieren. Ich vergesse ihn. Er fällt mir wieder in die Hände, ich lese ein paar Sätze, und irgendein Satz beginnt wieder zu leuchten.

Das Wunderliche ist, daß dieser Text mit meiner Person und meiner Geschichte eigentlich nichts zu tun hat. Der Verfasser scheint ein Mann zu sein. Ein Weißer, kein Vertreter einer Minderheit. Ein Amerikaner, dessen Frömmigkeit aufklärerisch-rational ist, vermutlich in Geschäftskreisen zu Hause, der sich dem in der amerikanischen Verfassung niedergelegten „pursuit of happiness" verpflichtet weiß. Nichts verbindet uns außer der Hautfarbe, und doch ist da etwas Eigentümliches, Menschliches, was ihn umtrieb und was mich umtreibt: die Suche nach dem Selbst und dem Ich in den Veränderungen des Lebens und seinen Konflikten.

Unser verletzbares und kostbares Selbst, der Kern unserer Persönlichkeit, von Gott entworfen und geliebt, von der Theologie und ihrer augustinischen Erbsündenlehre verraten, von der Kirche mit ihren Herrschaftsgelüsten gefürchtet: Denn das „Selbst" könnte ja selbständig werden! Selbstverwirklichung könnte die Nächstenliebe auslöschen!

Ich erfahre heute aus den USA, daß dieser Text – „Desiderata" = Wünschenswertes überschrieben – nicht nur mich bewegt hat, sondern das Brevier einer ganzen Generation am Ende der fünfziger und in den sechziger Jahren in den USA war. „Die Reichen, die Armen, die Berühmten und die Unbekannten haben 'Desiderata' als einen Führer zum besseren Leben verstanden", schreibt ein Journalist. Der Chefdelegierte der USA bei den Vereinten Nationen und Präsidentenbewerber, Adlai Stevenson, hatte es auf seinem Nachttisch bei seinem Tod und plante, es als Weihnachtskarte zu verschicken. In der Hippie-Szene von Haight Ashbury in San Francisco war es ein Bestseller. Man fand es auf Posters, in Reader's Digest. In der Drogentherapie, in der Gefängnisseelsorge, in Schulen und Kliniken wurde es zum Lehr- und Lebenstext.

Recherchen haben inzwischen ergeben, daß das „Gebet von Baltimore" nicht aus dem 17. Jahrhundert stammt, sondern erst 1927 von einem sonst unbekannten dichtenden Rechtsanwalt, Max Ehrmann aus Indiana, verfaßt wurde, der sich dem juristischen Broter-

werb wieder zugewandt hatte, als er merkte, daß er vom Dichten nicht leben konnte. Seine Gedichte veröffentlichte seine Witwe 1948. Eins davon: „Desiderata" gefiel einem Pfarrer der St. Paul's-Kirche in Baltimore so sehr, daß er es für eine von ihm zusammengestellte Kollektion von geistlichen Texten benutzte, die er für die Kirchenbesucher auslegen ließ. So kam das Gebet von Baltimore in die Öffentlichkeit und verbreitete sich sogar bis nach Deutschland.
Was ist das Besondere daran?

Es zu analysieren, nimmt ihm den Charme. Doch auf einige Grundgedanken möchte ich für unsere heutige Situation aufmerksam machen. Zunächst scheint es, als ob hier eine Sammlung von Lebensweisheiten vorliegt, wie etwa die aus dem Buch „Jesus Sirach" oder den „Sprüchen" des Alten Testaments. Doch bei näherem Hinsehen wird hinter den einzelnen Versen ein Gerüst sichtbar, das uns einen Weg erkennen läßt, den das Gedicht uns führen will. Es sind verschiedene Prozesse auf dem Weg, ein Selbst zu werden, aufgezeigt, die die unterschiedlichsten Menschen unseres Jahrhunderts faszinieren.

Der *erste* Schritt sieht fast mönchisch-mystisch aus: Rückzug aus Lärm und Hast dieser Zeit, um dadurch den Frieden zu finden, den es nur in der Stille gibt. Friede – das Zauberwort – steht am Anfang der Selbstfindung und am Ende. Friede – mit diesem Zu-Ende-Kommen aller Geschäftigkeit aus Unruhe und Eile beginnt die Suche nach sich selbst. Friede ist nicht das Ende, sondern gerade auch der Anfang dieses Abenteuers mit sich selbst. Es ist das Zufrieden-Werden mit sich selbst, die Selbstzentrierung auf das, was ich bin und habe. Zugleich wird aber auch deutlich, daß dieser Friede keine Abkehr von der Welt und ihren Menschen ist, vielmehr eine neue Beziehung möglich macht: ruhig und klar den eigenen Standort zu vertreten und anderen, selbst den Langweilern und Ignoranten, zuzuhören. Am Ende dieses ersten Verses wird auch schon der Rhythmus des ganzen Gedichtes erkennbar: Im letzten Satz beginnt schon das Thema des nächsten Verses: Auch die, die uns anöden, haben ihre Geschichte, wie auch du deine Geschichte hast.

Geht es im ersten Vers um die Selbstzentrierung, so sehe ich das Ziel des *zweiten* Verses in der Selbstachtung. Auch sie fällt uns nicht ohne Rückzüge von lauter und aggressiver Selbstherrlichkeit zu. Wer sich ehrgeizig mit anderen vergleicht, bleibt abhängig von anderen und findet nicht zu sich, zu seinen Leistungen, zu seinen Plänen. Spätestens hier wird sichtbar, daß diese Selbstsuche alles andere als Selbstauflösung ist, vielmehr ein tastendes, liebevolles Finden des Eigenen.

Dieses Eigene kann klein und groß sein: Es ist der eigene Besitz, im Auf und Ab der Zeiten. Der moderne Mönchsweg ist nicht ohne Besitzansprüche zu denken: *„Bleibe weiter an deiner eigenen Laufbahn interessiert, wie bescheiden auch immer. Sie ist ein echter Besitz im wechselnden Glück der Zeiten.“* Jeder Mensch darf etwas besitzen, hat seine Geschichte, die ihn einzigartig und unabhängig macht und die seine Originalität ausmacht. Menschen sind nicht in fatale Geschichtszusammenhänge geworfen. Sie gestalten ihr Leben, und die Gestaltung ist trotz allem Scheitern, trotz Niederlagen und Frustrationen ein Damm gegen alle Zufälligkeiten. Wer nur auf die Übeltaten der Gesellschaft sieht, versperrt sich den Blick auf das wirkliche „Heldentum“, das gelingende Leben innerhalb der Konflikte. Dieser *dritte* Schritt weist damit auf die Selbstverantwortung, die dann auch praktisches Geschäftsverhalten einschließt.

Das Hohelied des Selbst steigert sich nun zu dem zentralen Wunsch im *vierten* Vers: *„Sei du selbst"*, vor allem, wenn es um Liebe und um unsere intimsten Beziehungen geht! Wir könnten auch sagen: *Nimm dich selbst an, so wie du bist.* Auf diesem Höhepunkt des Gedichts fallen dann zugleich harte Worte über Dürre und Enttäuschung in der Liebe, aber auch tröstende Bilder von der Liebe, die wie immerwährendes Gras ist. Mich erinnert es an die Vorstellung Hildegards von Bingen von der grünenden Schöpferkraft des Geistes. Das grünende Gras ist vor uns und nach uns und bettet uns ein in eine uns umfangende Macht.

Das Naturbild leitet hinüber in den *fünften* Wunsch, der in der deutschen Übersetzung besonders gelungen ist: *„Gib die Dinge der Jugend mit Grazie auf."* Unsere Person ist nicht unsterblich. Zu uns gehören Wandel und Veränderung, wie sie die Natur vorsieht. Sich ihr zu widersetzen wäre gewalttätig. Den schmerzlichen Alterserfahrungen sollten wir mit der Leichtigkeit der Grazie begegnen können. Immerwährende Jugendlichkeit gehört nicht zu unserem Selbst. *„Sei gut (gentle) zu dir selbst"* – darin gipfelt die einfache und doch so ungeheuer schwierige Lebensweisheit der Selbstliebe. Wir meinen, gut zu uns zu sein, und sind es doch nicht. Wir schädigen uns mit Einsamkeit, mit Einbildungen, mit Erschöpfungen. Wir brauchen Güte für uns selbst, die uns vor solchen zerstörerischen Elementen bewahrt, damit wir wir selbst sind.

Im *letzten* Schritt wird dies menschliche Selbst eingeordnet ins Universum. Das kleine Ich, der Mikrokosmos, bekommt Recht und Ordnung von dem Makrokosmos. Der Mensch steht nicht über dem Weltall. Er ist ein Stück davon, gleichberechtigt mit der ganzen Schöpfung.

Der *Schluß* greift noch einmal auf den Anfang zurück und bekommt dabei eine religiöse Dimension: Der

Friede, den die Stille birgt und der am Beginn des Weges zu sich selbst stand, wird nun zum Frieden mit Gott, auch wenn jedes starre Gottesbild abgelehnt wird. In diesen Schritten der Selbstzentrierung, Selbstachtung, Selbstverantwortung, Selbstannahme und Selbstliebe wird ohne Illusion eine Welt sichtbar, die doch wunderschön ist. Was wie eine via negationis, eine Abkehr von der lauten, eiligen Welt begann, endet nicht im Triumph, aber mit einem Blick voller Güte, Gnade und Frieden auf die Welt, in der wir zu Hause sind.

„Es ist viel wichtiger, man selbst zu sein als irgend jemand anders", schrieb Virginia Woolf ein Jahr später, 1928, und dachte dabei vor allem an Frauen. „Liebe deinen Nächsten wie dich selbst", heißt es schon in der Bibel, ohne daß Christen die darin enthaltene Selbstliebe bisher ernstgenommen haben. Der kaum bekannte Dichter hat verschiedene Schritte zu diesem sich selbst liebenden und achtenden Selbst für Frauen und Männer aufgezeigt.

Was mich beeindruckt: Er hat dafür eine Sprache gefunden, die menschlich ist und zugleich voller Religion, immanent und zugleich transzendent, wie sie auch die Mystiker aller Zeiten versucht haben. Der Friede kommt nicht allein von Gott. Er ist in unserem Suchen nach Stille, unserem Verzicht auf Streß und Lärm vorhanden. Die Gnade kommt nicht feudal von oben. Sie ist in unserem graziösen Abschied von veralternder Jugendlichkeit erlebbar. Die Güte, das Gutsein erfahren wir nicht allein von Gott, wir können sie uns selbst zuwenden. Der Geist kommt nicht unbegreiflich von irgendwo her. Er ist in unsere Fähigkeiten eingebunden, unser Leben stark, widerständig zu machen. Gott wird freigegeben in die heilenden Vorstellungen jedes einzelnen, aber er wird kein beliebiger, willkürlicher Gott. Ich verstehe es so: Gott ist in seinen Geschöpfen präsent mit seinem Frieden, seiner Gnade, seiner Güte, seinem Geist. In uns selbst, in unserem Selbst nimmt er Gestalt an. Die Botschaft dieses Gedichtes ist tief religiös, und sie hat für unser Jahrhundert eine Sprache gefunden, die fern von der Kirchensprache heilend und befreiend uns selbst ergreift.

Der wunderbare Tausch

Hans Wallhof

Ein Dreifaches bleibt:
Glaube, Hoffnung, Liebe,
drei Gaben aus Gottes Fülle,
die Liebe aber ist
die größte unter ihnen.

1 Korinther 13,12
(Übersetzung nach Jörg Zink)

Zu den großen Geheimnissen des Lebens gehört die Liebe. Ihre Quelle hat diese Kraft des Herzens im Leben Gottes. Er, der Dreieinige, ist ein liebendes Wir. Alle Liebe im Himmel und auf Erden lebt aus diesem Geheimnis.

Der Satz des heiligen Paulus in seinem ersten Brief an die Korinther ist für mich das tragende und prägende Wort der ganzen biblischen Botschaft geworden. Seit Jahren schon ist er für mich wie ein Schlüssel, der mir ganz neue Welten öffnet. Er weckt in mir ein neues, bisher nicht gekanntes Gottesbild. Ein neuer Himmel und eine neue Erde entstanden über mir und um mich herum. Denn dieser Satz ist mit dem Wort aus dem ersten Johannesbrief verschwistert:

Wer nicht liebt, hat Gott nicht erkannt, denn Gott ist die Liebe (1 Johannes 4,9).

Aber das Wort Liebe ist heute vielfach ausgebrannt, mißbraucht und ausgelaugt. Im Netz seiner Deutungen vermag man alles zu fangen, was an Romantik und Herz, an Leidenschaft und Eigensucht, an Tränen und Entsagen, an Opfer und Enttäuschung, an Verliebtheit und Rausch erinnert. Die Liebe hat es schwer. Was die einen als Lust der Liebe bezeichnen, ist für andere die Sinnlosigkeit einer Hölle. Was die einen als Seligkeit empfinden, ist für andere nur Langeweile. Die einen mißbrauchen die Liebe als billige Magd blinder Interessen, die anderen verehren sie als Partnerin höchster Menschlichkeit.

Der Satz des heiligen Paulus ist für mich das Schönste, was je über Liebe geschrieben worden ist. Diese wenigen Worte senden die Liebe als Boten Gottes in die Menschwerdung unserer Zeit. Es ist die Liebe, die Gott durch seinen Geist in die Menschenherzen geschenkt hat. Sie umschließt die Liebe, die Gott durch seinen Geist in die Herzen gießt. Es ist die Liebe zu Gott und zum Menschen. Sie zeigt sich im Augenblick und reicht doch bis in die Ewigkeit. Sie blüht auf in den vielen Formen der Zuneigung und ist doch auch zu Opfer und Verzicht bereit. Sie sprudelt über in den Zärtlichkeiten verliebter Stunden und verdurstet doch nicht in der Wüste von Verletztheit und Enttäuschung. Sie ist Ausdruck für höchstes Glück und Seligkeit. Wo Liebe ist, da ist Gott.

Mit Liebe ist Ehrfurcht gemeint und Anerkennung,
Dienen und Begeisterung,
Beistehen und Treue,
Annahme und Seligkeit,
Hingabe und Verschwendung,
Jauchzen und Taumel,
Ekstase und Tanz,
Opfer und Verzicht.

Liebe füllt Worte und Taten
mit Herzlichkeit.
Die Liebe dient.
Das ist ihr Gesetz,
ihr Geheimnis
und ihre Größe.

Sie macht sich klein, um Großes zu leisten.
Sie bückt sich, um aufzurichten.
Sie vergißt sich, um ewig zu gedenken.
Sie sucht nicht sich selbst und ihren Vorteil,
sie verlangt nur
nach dem Glücklichsein des anderen.
Sie erfüllt Wünsche
und bleibt doch wunschlos glücklich.
Sie liest von den Augen ab,
was der andere ersehnt,
ohne an den eigenen Gewinn zu denken.

Sie übersteigt die kleinlichen Maße
und ist doch stark genug.
Selbst dunkle Erfahrungen
löschen die Liebe
nicht aus.

Sie trauert über das Unrecht,
das unglücklich macht,
und leidet mit an der Schuld,
die der andere begeht,
und entschuldigt ihn doch,
und sei es mehr als siebzig mal sieben mal.

Den Reichtum der Wahrheit verteidigt sie
und trägt alles herbei,
was zur Entfaltung verhilft.

Sie beugt sich unter die Lasten,
um andere zu entlasten.
Sie übt sich in Geduld,
wenn sie im Schatten stehengelassen
und vergessen wird.
Und doch überwindet sie immer.

Sie siegt,
nicht in der starren Maske des Siegers,
sondern im wechselnden Spiel der Hingabe
und mit dem lachenden Gesicht der Freude.
Sie ist unzerstörbar und unvergänglich –
schönstes und kostbarstes Ehrenzeichen ihres Wesens.

In der Liebe geschieht ein wunderbarer Tausch. Nur wer Liebe schenkt, kann auch Liebe empfangen. Wer sich der Liebe verschreibt, erntet auch ihre Früchte. Die Liebe gehört zum Leben. Ohne sie ist Leben undenkbar. Das gilt auch für das Leben in Gott. Denn Gott – so das Wort aus dem ersten Johannesbrief – ist die Liebe. Darum sprudelt er auch über in Freude und läßt eine ganze Schöpfung entstehen und überschüttet alles, die Menschen und die Lebewesen und die Dinge, mit dem Lied der Liebe:

Ein Dreifaches bleibt:
Glaube, Hoffnung, Liebe,
drei Gaben aus Gottes Fülle,
die Liebe aber ist
die größte unter ihnen.

Drei Begleiter sind sozusagen mit uns auf dem Weg durch die Zeit in die Ewigkeit. An der Himmelstür kehren Glaube und Hoffnung um. Sie haben ihr Werk vollendet. Der Glaube wandelt sich in Schauen. Die Hoffnung findet ihre Erfüllung. Die Liebe aber geht mit hinein in die Ewigkeit. Darum ist sie die größte.

Warum trägt mich dieser biblische Satz? Warum sind diese Worte für mein Leben so bedeutsam? Weil das Wesen Gottes und meine Wünsche für das Leben von Menschen in diesen Worten am schönsten aufleuchten. Für mich, den Priester, sind diese Worte die Mitte und das Motiv der Seelsorge. Mir, dem Redakteur, schenken sie die Kraft und den Mut, das Wesentliche der christlichen Botschaft in Wort und Bild umzusetzen. Mir, dem Menschen, dem der Glaube und die Hoffnung so wichtig sind, wird das Wort von der Liebe schließlich zum Beistand und zur Brücke, die auch über dem Abgrund der schweren Zeiten trägt.

II

Schöpfung, die wir sind

Walter Habdank: Noah, Holzschnitt 1979.

Ein Requiem für die Schöpfung

Enoch Baron zu Guttenberg

Denn alles Fleisch,
Es ist wie Gras und
Alle Herrlichkeit des Menschen
Wie des Grases Blumen.

Das Gras ist verdorrt und
Die Blume abgefallen …
Ach, wie gar nichts sind alle Menschen,
Die doch so sicher leben.

Sie gehen daher wie ein Schemen und
Machen ihnen viel vergebliche Unruhe;
Sie sammeln und
Wissen nicht,
Wer es kriegen wird.

Nun, Herr, wes soll ich mich trösten?
Ich hoffe auf Dich …
Denn wir haben hie
Keine bleibende Stadt,
Sondern die zukünftige
Suchen wir …

Aus: Johannes Brahms, Ein deutsches Requiem

Was wir mit diesem Text und mit dieser Musik tun, versteht sich als ein deutsches Requiem. Denn mehr und besseres bleibt uns im Blick auf die ganze Thematik schwerlich abzustatten. Und auch das, was ich an Worten beizusteuern habe, ist im Grunde nur eine Trauerrede; Paraphrasen über eine schmerzliche, doch unausweichlich aktuelle Frage: jene nach dem Selbstverständnis vom Schutz der Schöpfung. Nach der Neubestimmung dessen, was in einer rasend schnell sich aufschaukelnden Zerstörung noch Schutz der Schöpfung sein kann.

Ist es – langfristig gesehen – die Bewahrung der Natur vor der Vernichtung und Entfremdung durch den Menschen? Dann ist jedes neue Biotop und jedes der Verbauung abgetrotzte Schutzgebiet ein Pyrrhussieg, der anderenorts mit zehnfachem Verlust bezahlt wird. Dann erschiene es schon fast als der vernünftigste Schutz der Natur, die Geschicke forttreiben zu lassen, wie sie treiben, und darauf zu bauen, daß die Lebenskräfte der Natur den Menschen zuverlässig überleben werden; daß sich angesichts der absehbaren und inzwischen auch berechenbaren Wirtschafts-, Klima-, Bürgerkriegs-, Weltwanderungs- und Hungerkatastrophen diese Welt nach unserem kollektiven Abgang gerade so erneuern wird, wie sie es erdgeschichtlich bereits vielfach tat.

Oder aber – ist das Ziel vom wirksamen Schutz der Natur mittlerweile längst der nackte Schutz des Menschen geworden: die Bewahrung unserer eigenen, akut bedrohten Existenz? Dann ist der Schutz der Natur im vertrauten Sinn allein ein Mittel zum Zweck. Dann reicht es nicht, das Jahr des Weißstorchs auszurufen oder den Verlust der Sumpfmaus zu beklagen. Dann sind, so verzweifelt dies auch klingen mag, die Existenzverluste an Zehntausenden von Tier- und Pflanzenarten nur insoweit Katastrophen, als sie den Verlust auch unserer Existenzgrundlage indizieren. Dann wäre ein Programm, das den Schutz der Natur selbstzweckhaft als kleines Biotop für Lurche und Fledermäuse fortbetriebe, wenig mehr als Selbstbetrug und eine Farce.

So erscheint denn auch der beste, dringlichste Wunsch an eine trotz der Niederlagen unerschütterbare, mutige, für unser aller Zukunft unabschätzbar wichtige Gemeinschaft: Daß der Schutz der Natur mehr denn je begreiflich macht, daß er den Menschen, daß er unser aller Überleben meint – auch wenn er scheinbar nur von Bergwäldern und Mooren, Auen oder Feuchtgebieten redet. Daß in einer Welt, in der Libellen, Luchse oder Störche keine Überlebenschance haben, auch wir selber ohne Überlebenschance sind.

Ob dies gelingen wird? Ich zweifle – ich bin nahe am Verzweifeln. Doch solange nur ein kleiner Funken Hoffnung, nur der Anhauch einer solchen Chance besteht – so lange wäre es die schlimmste, die verbrecherischste Torheit, aufzugeben und zu resignieren.

Doch ob so, ob so: Uns bleibt immer auch, „Ein deutsches Requiem" zu singen und die neue Trauer mitzusingen, die den alten Sätzen nunmehr eingebrannt ist:

Denn alles Fleisch,
Es ist wie Gras und
Alle Herrlichkeit des Menschen
Wie des Grases Blumen.

Das Gras ist verdorrt und
Die Blume abgefallen …
Sie sammeln und
Wissen nicht,
Wer es kriegen wird …

Denn wir haben hie
Keine bleibende Stadt,
Sondern die zukünftige
Suchen wir.

Oder auch, als die Stimme allen Zweifelns und Verzweifelns:

Nun Herr,
wes soll ich mich trösten?

Denn sogar die Tröstungen, die Brahms uns bietet, wollen heute – jenseits der Musik – kaum mehr verfangen. Nur ein Satz steht außer jedem Zweifel. Es ist der letzte Satz des Werkes. Und er mag denn auch – im Guten, wie im Schlimmen – als ein letzter Satz in diesem Zusammenhang stehen:

Denn ihre Werke folgen ihnen nach!

Religion ist wie ein Kinderkleid

Maria Jepsen

Der Mond ist aufgegangen

Der Mond ist aufgegangen,
Die goldnen Sternlein prangen
Am Himmel hell und klar.
Der Wald steht schwarz und schweiget,
Und aus den Wiesen steiget
Der weiße Nebel wunderbar.

Wie ist die Welt so stille
Und in der Dämmrung Hülle
So traulich und so hold
Als eine stille Kammer,
Wo ihr des Tages Jammer
Verschlafen und vergessen sollt.

Seht ihr den Mond dort stehen?
Er ist nur halb zu sehen
Und ist doch rund und schön.
So sind wohl manche Sachen,
Die wir getrost belachen,
Weil unsre Augen sie nicht sehn.

Wir stolzen Menschenkinder
Sind eitel arme Sünder
Und wissen gar nicht viel.
Wir spinnen Luftgespinste
Und suchen viele Künste
Und kommen weiter von dem Ziel.

Gott, laß uns dein Heil schauen,
Auf nichts Vergänglichs trauen,
Nicht Eitelkeit uns freun;
Laß uns einfältig werden
Und vor dir hier auf Erden
Wie Kinder fromm und fröhlich sein.

Wollst endlich ohne Grämen
Aus dieser Welt uns nehmen
Durch einen sanften Tod;
Und wenn du uns genommen,
Laß uns in' Himmel kommen,
Du unser Herr und unser Gott.

So legt euch denn, ihr Brüder,
In Gottes Namen nieder;
Kalt ist der Abendhauch.
Verschon uns, Gott, mit Strafen
Und laß uns ruhig schlafen.
Und unsern kranken Nachbarn auch!

Matthias Claudius

Der Mond ist aufgegangen ... „Religion ist wie ein Kinderkleid. Man wächst raus oder es platzt." Wenn Schopenhauer mit seinem Diktum recht haben sollte, dann ist das abendliche Lied des Matthias Claudius nicht religiös.

Ich kenne es seit Kinderzeiten, und doch bin ich nicht aus ihm herausgewachsen, im Gegenteil. Je älter ich werde, desto mehr wachse ich hinein. Desto mehr wärmt es mich, schützt und schirmt mich. Es hilft mir, gerne lebendig zu sein in unserer Welt und unserer Zeit.

Woran mag das liegen? Nicht einmal unmodern ist es geworden, wie andere Lieder. Das liegt wohl auch an der

Melodie von Johann Abraham Peter Schulz. Die ist so vertraut, daß ich sie mithöre und mitfühle, wenn ich den Text nur langsam lese, aufsage oder auch nur denke. Da kommt etwas zum Klingen in mir; ich selber werde hineingeholt in eine andere fremde und doch vertraute Sprach- und Tonweise.

Ja, vielleicht ist es auch dieses Miteinander von Wort und Musik, das dazu beiträgt, daß dieses Lied trägt und nie brüchig geworden ist. Nie ist es mir in eine Art Schieflage geraten, wie etwa das seit Kindertagen doch auch geliebte „Stille Nacht"-Lied; das mochte ich manchmal nicht mehr anhören, und ich sang es nur noch mit um der anderen willen, aber nicht mehr aus mir selber heraus. Nie mußte man etwas herausschneiden aus dem Claudius-Lied, wie etwa aus der Nationalhymne des Hoffmann von Fallersleben.

„Der Mond ist aufgegangen" – besteht und trägt mit all seinen Strophen und Versen – durch Kindheit und Jugend und sicher auch bis ins Alter noch hin. Gewiß, als Kind waren es wohl mehr die Strophen 1, 6 und 7, diese Strophen, in denen ich am meisten mitatmete: Mond, Sterne, Wald, Wiesen und Nebel und der sterbende und kranke Nachbar. Das kannte ich alles ja selbst recht gut. Das beschrieb meine eigene, eher unschuldige Welt, meine Nachbarschaft am Rande einer Kleinstadt, in unmittelbarer Nähe eines Altenheimes auch. Nun, älter geworden, nach allen Fehlern, allem Leid, allem Glück, nach Verlusten, nach erfahrener Schuld und Vergebung, berühren mich die Strophen dazwischen umso mehr. Und ich hoffe, man wird dieses Lied auch singen, wenn Gott mich einmal zurückholt aus dieser Zeit.

Zwar ist die Nacht manchmal gar keine „stille Kammer", und der Jammer rumort in ihr wie ein störender

Kobold, der keine Ruhe und keinen Schlaf gibt. Aber dieses Lied kann besänftigen, und ich weiß, daß das Vergessen mancher Nöte nur dann gelingen kann, wenn ich mich fernab des täglichen Trubels den Fragen aus mir heraus wirklich gestellt habe, wenn auch aus nächtlicher Distanz heraus.

Der Mond – er ist nur halb zu sehen. Immerhin die Hälfte zeigt sich. Das ist manchmal mehr, als von unserem ganzen Leben zu sehen ist. Vieles bleibt verborgen, auch uns selbst von uns selbst. Manches leuchtet nur selten kurz auf, zeigt sich unserem Bewußtsein, anderes sehnt sich, im Schatten zu bleiben.

Manch einem, manch einer bleibt das Hellste gar immer im Dunkel – und ist doch da. Außer Gott wissen nur wenige, wer wir wirklich sind. Von manchen Leuten, die uns ganz nahe sind, kennen wir nur einen mondsichelschmalen Abschnitt, und anderen geht es mit uns nicht anders. Und doch ist viel mehr da, alles da – oftmals auch mit schönen Seiten.

Daß der Mond, zumal seine Sichel, auch als weibliches Symbol von Bedeutung ist, lernte ich erst später – aber umso wichtiger wurde mir in diesem Zusammenhang die Madonna auf der Mondsichel, die weibliche Seite Gottes, die mütterliche, schwesterliche Zuwendung im Glauben, aus dem Glauben heraus.

Und daß wir „eitel arme Sünder" seien, wir Menschengeschöpfe alle: Auch wenn ich mich sonst dagegen sperre, immer wieder auf das Sünderin-Sein angesprochen zu werden, hier laß ich mir's zustimmend gefallen. Denn Claudius nagelt mich ja nicht richterlich urteilend, verurteilend darauf fest. Er stellt mir gleich auch die andere Möglichkeit hin, als wollte er uns die Sorgenfalten von der Stirn streichen und die Knoten und Verworrenheiten im Herzen lösen: durch das Heil Gottes.

Er stutzt uns nicht sauertöpfisch-streng zu sündenerfüllten Paradiesvertriebenen, Verdammten, sondern läßt gelten, was aufatmen läßt: Wenn nicht Herren und Machthaber der Welt, so können wir doch wie Kinder fromm und fröhlich sein – oder wieder werden, wenn wir uns zu weit hineinbegeben haben ins Reich der Egoismen und Eitelkeiten. Und er spricht uns die Bitte zu Gott vor: „Laß uns dein Heil schauen." Wir brauchen nur einzustimmen; kinderleicht, vaterunserleicht macht er es uns.

Und er lehrt uns dann auch zu bedenken, daß wir sterben müssen. Er verdrängt nichts und beschönigt nicht. Er läßt mich nachdenken über den Unterschied von schnellem und sanftem Tod und all den anderen Arten zu leiden und zu sterben – nun nicht mehr in bezug nur auf alte Menschen, sondern auch auf mich und die Meinen.

Jahrelang war ich rundum in Übereinstimmung mit diesem gefühlvollen und nachdenklichen Lied. Jetzt, in der letzten Zeit, schlage ich trotz allem eine Änderung vor. Und Claudius möge es mir nicht unter „Eitelkeit" oder „Luftgespinste" verrechnen. Ich meine den Anfang der letzten Strophe. Statt: „So legt euch denn, ihr Brüder" – singe ich, aus mittlerweile bekannten Gründen viel lieber: „So legt euch, Schwestern, Brüder". Und ich bin mir ziemlich sicher, er würde nur sagen: „Ja, das ist gut, das ist besser so" und sich wundern, daß er damals selbst nicht darauf kam. Doch wenn er ein wenig grummeln sollte, dann würde ich mich an Rebekka wenden, seine geliebte Frau. Die wird's ihm schon an's Herz legen können, was mir und vielen heute ein Herzenswunsch ist.

Und zum Schluß – da sind so viele Bitten in diesem Lied ausgesprochen. In meiner Choralgesangbuchausgabe werden alle Strophen mit einem Punkt beschlossen, unaufdringlich die Bitten für uns selbst. Nur eine Bitte trägt ein Ausrufezeichen – die ganz am Schluß, die Bitte für den kranken Nachbarn, für die anderen.

So war Claudius wohl ein Christ, der sich den anderen verbunden wußte, denen in der Nähe und Ferne, weil Gottes Sonne und Mond über alle, für alle scheint, die Guten und Bösen und die Schöpfung.

In Erwartung

Walter Habdank

Denn ich halte dafür, daß dieser Zeit Leiden der Herrlichkeit nicht wert sei, die an uns soll offenbart werden.

Denn das ängstliche Harren der Kreatur wartet, daß Gottes Kinder offenbar werden. Es ist ja die Kreatur unterworfen der Vergänglichkeit – ohne ihren Willen, sondern um des willen, der sie unterworfen hat – auf Hoffnung; denn auch die Kreatur wird frei werden von der Knechtschaft des vergänglichen Wesens zu der herrlichen Freiheit der Kinder Gottes.

Denn wir wissen, daß alle Kreatur sehnet sich mit uns und ängstet sich noch immerdar. Nicht allein aber sie, sondern auch wir selbst, die wir haben des Geistes Erstlingsgabe, sehnen uns auch bei uns selbst nach der Kindschaft und warten auf unseres Leibes Erlösung.

Denn wir sind wohl gerettet, doch auf Hoffnung. Die Hoffnung aber, die man sieht, ist nicht Hoffnung; denn wie kann man des hoffen, das man sieht? Wenn wir aber des hoffen, das wir nicht sehen, so warten wir sein in Geduld.

Desgleichen hilft auch der Geist unsrer Schwachheit auf. Denn wir wissen nicht, was wir beten sollen, wie sich's gebührt; sondern der Geist selbst vertritt uns mit unaussprechlichem Seufzen.

Römer 8,18–26

Offen muß ich zugeben, mich diesem faszinierenden Text bei weitem nicht gewachsen zu fühlen. Aber ich kann mich seiner strahlenden Kraft nicht mehr entziehen. Er beleuchtet, um es so zu sagen, den Schauplatz meiner Seelenbühne. Dort treten sie auf, die Gestalten *„In Erwartung“* (s. Bild S. 204).

Sie blicken hinaus, geschlagen und verschlagen, hochfahrend, gebrochen, zusammengezwängt, vom Absturz bedroht und befallen von Ängsten vor dem dunklen Tod.

Schlecht stehen sie da. Und doch sind sie hoffende, sich sehnende Menschen, die hinausdrängen aus der sich auflösenden Verpackung dieses mühsam erreichten Gestells, hinaus aus Ohnmacht und Verzweiflung.

So sieht die Szene aus. Der eigene Zustand wird im Bild gezeigt. In eine solche Situation spricht dieser Hoffnungstext hinein.

Erst spät, erst als mit dem Holzschnitt *„In Erwartung“* mein ureigenes Thema seine Bildform gefunden hatte, wurde mir mehr und mehr bewußt, daß es mein Text ist; aber es ist nicht nur meiner. Möge sich der Betrachter meines Bildes mit mir in den Dargestellten selbst finden, umhüllt gleichsam vom Schutzmantel des Römerbrieftextes, wenn eine solche Vorstellung erlaubt ist.

III

Nicht vom Brot allein

Oskar Koller: Hell und Dunkel,
Tusche und Kreide auf Papier, 1994.

Herbert Falken

Die dunkle Nacht der Seele – Die Seele spricht

In dunkler Nacht, vom Feuer
Der Liebe leidend, drin ich fast verschmachtet,
Oh, seliges Abenteuer!
Fortging ich, unbeachtet,
Indes mein Haus in Frieden stand, umnachtet.

Im Dunkel, doch geheuer,
Vermummt, geheime Stufen niedersteigend
Oh! seliges Abenteuer!
Im Dunkel, nicht mich zeigend,
Ließ ich mein Haus in stillem Frieden, schweigend.

In jener Nacht des Glückes,
Verhehlt, daß nichts mich kannte,
Noch ich Herr war des Blickes,
Kein Licht mich fürder sandte,
Es sei denn das im eignen Herzen brannte.

Weit leuchtender die Bahnen
Beglänzt' es als die Sonn' in Himmelsmitte,
Da ich ihn durfte ahnen,
Der mich erkennt am Schritte,
Der wartend harrt, ob nichts ihn auch erbitte.

Nacht, ohne Sterne scheinend,
Nacht, tiefer als das Morgenrot geliebte,
Nacht, zu Vermählung einend
Geliebten und Geliebte
In den Geliebten wandelnd die Geliebte

In meines Herzbeets Blüten
Die ganz allein für ihn nur aufgegangen,
Ließ ich Schlaf ihn umhüten
Und hab ihn doch empfangen,
Mit Zedernzweigen kühlend seine Wangen.

Wie Turmes-Atem, während
Ich spiel' mit seinen aufgewehten Haaren,
Berührt' er mich, versehrend,
Am Hals mit seiner Hand, der wunderbaren
Entsunken alle meine Sinne waren.

Hin lag ich, Lust-Verzückte,
Geneigt das Antlitz auf den Liebevollen,
Da sich das All entrückte,
Und Wähnen, Wünschen, Wollen
War unter weißen Lilien verschollen.

Aus: Johannes vom Kreuz, „Die dunkle Nacht der Seele"

Das Schöpferische –
Über die Kunst und über den Glauben

Offensichtlich ist die abstruse Vorstellung nicht kleinzukriegen, der Künstler sei ein Genie und werde im Atelier von Musen geküßt. Ach wäre das schön, wenn mich wenigstens Musen küßten! Und ein Genie? Nein, lieber nicht!

Meistens steht bei mir am Anfang des Malens oder Zeichnens das Gefühl völligen Ausgebranntseins. Nichts, aber auch gar nichts vermag mein Auge zu sehen, draußen und drinnen nicht. Die vor mir an der Wand hängenden weißen Papierbahnen entsprechen meiner persönlichen Verfassung. Ich sitze da und schaue ins Leere, oft dauert das ganze lange. Und die Zweifel steigern sich zur Verzweiflung: Was soll ich zeichnen? Weshalb überhaupt etwas zeichnen? Wozu überhaupt Kunst? Wird Kunst nicht überflüssig, wenn ich die Leute anschaue? So sitze ich da und jammere vor mich hin …

Zunächst einmal anfangen

Aber plötzlich bin ich es leid. Ich springe auf,und manchmal helfe ich mir dadurch, daß ich zu irgendwelchen Stiften greife und planlos kritzele, einfach drauflos kritzele, oft genug mit der linken Hand. Picasso sagte einmal: „Wenn du wissen willst, was du zeichnen sollst, so mußt du zunächst einmal anfangen."

Natürlich bin ich unzufrieden mit meinen ersten Ergüssen. Und wenn ich mir nicht sofort die nächste Papierbahn vornehme, lösche ich das soeben Notierte wieder aus, überzeichne erneut, aber auch das muß wieder weg, so wiederholt sich mein Suchen. Ich komme in den Zeichenfluß, mein Bewußtsein geht auf Tauchstation, das Eshafte tut etwas mit mir und meiner Hand, und bei dieser Schufterei wird das anfangs weiße Blatt schwärzer und schwärzer, selbst Weißhöhungen schwärze ich wieder ein …, bis ich plötzlich etwas zu entdekken meine: Da offenbart sich Schaubares aus der Tiefe, in der Schicht darunter wird etwas sichtbar, die Verhüllung enhüllt das, was ich vorher nicht in den Blick kriegte.

Ich baue das aus. Figuration entsteht. Ich bringe Ordnung ins Bild. Das heißt: Ich kontrolliere plötzlich das, was dieses Es mit mir tut. In der Regel beende ich eine Arbeit nicht, wenn sie fertig ist, sondern wenn ein Zustand völliger Erschöpfung eintritt. Und dann beginnt wie gehabt der Zweifel, der Selbstzweifel. Die Frage nach dem Sinn schleicht sich ein. Die Zuordnung will gefunden werden, und zum Schluß, aber wirklich erst zum Schluß: der Titel als Punkt.

Mit dem bisher Gesagten dürfte klargeworden sein: Ich beginne meine Arbeit nicht mit einem thematischen Konzept, erst recht nicht mit einer theologischen Vorgabe, die es lediglich zu illustrieren gilt. Mein Tun hängt einfach nur mit mir zusammen. Es handelt sich um einen Akt der Selbstbefreiung. Ein innerer Stau wird abgebaut. Und: Die künstlerische Arbeit bewahrt mich vor dem Wahnsinn, der mich ohne dieses Tun fest im Griff hätte. Ist Kunst nötig? Ja, Kunst ist nötig, damit man nicht verrückt wird. Und die Schwärze in meinen Bildern, diese vielfach beklagte, entsteht nicht mit Absicht, sondern aus Unvermögen. Weil ich ständig unzufrieden bin, überarbeite ich und überarbeite und schwärze somit ein.

Wenn nun nach dem Verhältnis dieser meiner künstlerischen Vorgehensweise zu meiner religiös-christlichen Existenz auch als Theologe und Priester, der ich bin, gefragt wird, dann muß ich sagen: Ein eventuelles Bedürfnis nach Erbauung kann ich beim besten Willen nicht befriedigen, auch als Priester nicht. Darf ich zurückfragen: Ist es denn mit dem Glauben anders? Überwiegt da nicht auch der Zweifel, wenn ich ins Nachdenken komme? Und was bewirken wir Christen heute noch, wenn man die Menschen und ihr Verhalten anschaut?

Wenn nun die Zweifel kommen, dann hilft nur eines: aufspringen und etwas tun! Mit dem Christentum anfangen, zum Beispiel in der Nächstenliebe, zum Beispiel im Gespräch, zum Beispiel im Gebet, und sei es nur ein Stoßseufzer auf zu Gott. Und natürlich bin ich auch da ständig unzufrieden. Ich korrigiere und korrigiere und schwärze ein. Das Licht des Glaubens? Ich entdecke es aus der Tiefe, in den Schichten darunter. Erst hinterher erkenne ich Christus in dem, was ich da so unvollkommen und provisorisch getan habe. Meine Arbeit im Atelier könnte exemplarisch sein für das, was wir alle tun.

Ohne die Kunst käme ich als Christ und Priester nicht mehr klar, und ohne meinen Glauben käme ich auch im Atelier nicht zurecht: Ich weiß, daß mir trotz allen Scheiterns letztendlich etwas gelingen muß. Ohne Kunst wirst du verrückt, und ohne Glauben erst recht. Die Normalität des üblichen Denkens bringt mich jedenfalls um (und daran sind nicht nur die Tiefflieger über meinem Atelier schuld).

Meine Arbeit wird in den letzten Jahren zunehmend mystisch interpretiert. Speziell Johannes vom Kreuz steht mir nahe, beziehungsweise ich ihm. Ich habe mich dagegen gewehrt, weil soviel modisches Zeug mit der Mystik getrieben wird. Aus Anlaß der Teilnahme an einer Ausstellung in Amsterdam, „Fuente" (zum 500. Todestag von Johannes vom Kreuz), habe ich mich intensiv mit diesem spanischen Mystiker beschäftigt, insbesondere mit seinen Gedichten.

Und weil ich sie nicht verstand, habe ich sie alle abgeschrieben, ein ganzes Buch voll. Seitdem weiß ich, daß Mystik nicht einfach mit Meditation gleichzusetzen ist. Seitdem weiß ich, daß Mystik der Verzweiflung entspringt.

Das Licht erwächst erst aus der Finsternis. Gott läßt sich dämmernd schauen für den, der die Nacht in Gottesferne durch-schmerzt.

Bilder von Herbert Falken s. S. 100 und S. 122.

Veni Sancte Spiritus

Catharina Halkes

Komm herab, o Heiliger Geist,
Der die finstre Nacht zerreißt,
Strahle Licht in diese Welt.
Komm, der alle Armen liebt,
Komm, der gute Gaben gibt,
Komm, der jedes Herz erhellt.

Höchster Tröster in der Zeit,
Gast, der Herz und Sinn erfreut,
Köstlich Labsal in der Not,
In der Unrast schenkst du Ruh,
Hauchst in Hitze Kühlung zu,
Spendest Trost in Leid und Tod.

Komm, o du glückselig Licht,
Fülle Herz und Angesicht,
Dring bis auf der Seele Grund.
Ohne dein lebendig Wehn
Kann im Menschen nichts bestehn,
Kann nichts heil sein noch gesund.

Was befleckt ist, wasche rein,
Dürrem gieße Leben ein,
Heile du, wo Krankheit quält.
Wärme du, was kalt und hart,
Löse, was in sich erstarrt,
Lenke, was den Weg verfehlt.

Gib dem Volk, das dir vertraut,
Das auf deine Hilfe baut,
Deine Gaben zum Geleit.
Laß es in der Zeit bestehn,
Deines Heils Vollendung sehn
Und der Freuden Ewigkeit.

Amen. Halleluja.

Lat. Original: Stephan Langton, um 1200
Übertragung: Maria Luise Thurmair und Markus Jenny, 1971

In meiner Jugend, in den dreißiger Jahren, lernten wir in der katholischen Schule noch die großen überlieferten Lieder, die man in der Kirche in der Liturgie sang, auch selber zu singen. Auf diese Weise kannten wir die Melodie und den Text sogar auswendig. Ich denke beispielsweise an das „Magnifikat", das „Adoro Te", das „Tantum Ergo", das „Veni Creator" und viele andere mehr.

Dem „Veni Sancte Spiritus" freilich bin ich erst viel später auf die Spur gekommen. Damals war Krieg, und in der Zeit war ich Mitglied einer katholischen Aktionsgruppe. An einem Pfingstfest jener Zeit habe ich zum ersten Mal den wunderschönen Text des Veni Sancte Spiritus, diese Sequenz von Pfingsten, entdeckt und auf mich wirken lassen. Seitdem hat dieses Lied, dieser Umgang mit dem heiligen Geist/der heiligen Geistin, mich nicht mehr losgelassen. Da habe ich dann auch der Gruppe den Vorschlag gemacht, fortan unsere Zusammenkünfte mit diesem Lied zu beginnen. Wenn wir dann zusammen waren und miteinander sangen, machte ich immer wieder die Erfahrung: Wir wurden als Gruppe immer stärker miteinander verbunden, der

Raum wurde weiter, wir bekamen mehr Atem und unsere Herzen öffneten sich für die Wirkung des heiligen Geistes/der heiligen Geistin.

I

Das Veni Sancte Spiritus ist – wie gesagt – ein Pfingstlied. Das Pfingstfest ist vor allem das Fest der Kirche, das Fest ihrer Geburt. Da ist der Geist/die Geistin ausgegossen worden über die, die da gewacht und gebetet haben, die Apostel, Maria und die anderen Jünger und Jüngerinnen. Von daher bekamen sie Licht und Kraft und Mut, um hervorzutreten und den Glauben öffentlich zu bezeugen, den sie von Jesus, dem Christus, empfangen hatten. Sie taten das so überzeugend und so lebendig, daß alle sie verstehen konnten. Da ereignete sich Kommunikation von Mensch zu Mensch – eine Kommunikation, die alle Sprachbarrieren überwindet.

Das lateinische Wort „spiritus" bedeutet zunächst „Wehen des Windes", Atemholen, eine aktive Bewegung also. So gesehen bedeutet es auch Atem und Luft. Darüber hinaus hat es die Bedeutung von Geist und Seele, Gesinnung und Inspiration. Schließlich steckt in ihm auch die Bedeutung von Selbstbewußtsein, Mut und Stolz (was im negativen Sinn auch umschlagen kann in „Aufgeblasensein"). Eine Reihe von Bedeutungen also. Der Zusammenhang allerdings ist deutlich: Ausgangspunkt ist die hörbare und spürbare Bewegung des Windes, die Tätigkeit des Atemholens. Denn Atem ist das unentbehrliche Kennzeichen des Lebens. Das macht denn auch die Dynamik des „spiritus" aus: in Bewegung bleiben, aus einer kraftvollen Gesinnung heraus leben, Inspiration empfangen.

Diese Gesichtspunkte schreiben wir auch dem heiligen Geist/der heiligen Geistin von Gott und Jesus Christus zu. Er/sie ist die Liebe, die sie verbindet, und die

Lebenskraft, die von ihnen zu uns kommt. Der heilige Geist/die heilige Geistin verbindet freilich nicht nur Gott und Jesus Christus. Er/sie ist auch der „Kommunikationsprozeß", durch den Gott auch wirksam ist in uns und zwischen uns und durch den auch wir mit dem göttlichen Geheimnis verbunden sind. Der Geist/die Geistin ist lebendig wie der Wind, und er/sie weht, wo er/sie es will. Er/sie ist die Gegenwart Gottes in der ganzen Schöpfung, in dieser Welt und der göttliche Funken in der Tiefe unseres Herzens – ein Vorgang, von dem vor allem die Mystiker sprechen. Der heilige Geist/die heilige Geistin ist die Wohnung Gottes in unserem Inneren. Deshalb wird unser Leib auch der Tempel des heiligen Geistes/der heiligen Geistin genannt. Gottes Gesinnung, Verbundenheit und Kommunikation mit uns Menschen und mit der Welt wird sowohl im Symbol der Taufe wie im Symbol des Windes dargestellt: Die Taufe ist ursprünglich das Attribut der Liebesgöttin Aphrodite; der Wind steht für Bewegung.

So wurde für mich der heilige Geist/die heilige Geistin zum Ausdruck der dynamischen Liebe zwischen dem göttlichen Mysterium und mir und zum Ausdruck für Gottes Gesinnung und Zuwendung zu mir. Diese Gesinnung werde ich mir zueigen machen und sie in meinem Leben selber verwirklichen müssen: im Blick auf mich selbst und im Blick auf andere. Eine Voraussetzung freilich ist unabdingbar, um mein Leben von diesem Geist/dieser Geistin erfüllen zu lassen: von meiner Seite aus empfänglich zu sein, sozusagen horchend zu leben, mein Herz für das Flüstern und Wehen dieses Geistes/dieser Geistin offenzuhalten und so in Aufmerksamkeit und Andacht zu leben, daß ich ihn/sie auch hören und verstehen kann.

Das Gebet, das mir hilft, diese Lebensform zu gewinnen, ist für mich das „Veni Sancte Spiritus". Ohne das Wirken des Geistes/der Geistin werde ich nicht zu dem Menschen, wie er von Gott gemeint ist. Denn in Genesis 2,7 steht geschrieben, wie Gott den Menschen aus dem Staub der Erde erschafft und ihm/ihr den Lebensatem in die Nase bläst. Dieser göttliche Lebensatem qualifiziert uns in unserer Berufung und in unserer Bestimmung. Menschsein bedeutet insofern auch Atem und Leben im Rhythmus des Lebensatems Gottes. Deshalb ist das Leben eines jeden Menschen dazu berufen und dazu bestimmt, so etwas wie ein Prozeß der Menschwerdung Gottes zu sein. Das bedeutet, daß wir in unserer Menschwerdung stets auf Gott hin leben, mit Gott verbunden sind und schließlich so transparent werden, daß wir Gott sichtbar werden lassen.

Das ist zum einen in der Heilsgeschichte geschehen: im Leben Jesu Christi, der seine Herkunft wie seine Zukunft sosehr in Gott gesehen und gegründet hat, daß er Gottes Sohn genannt worden ist. Zum anderen sind wir selbst auch Gottes Kinder, Töchter und Söhne des göttlichen Mysteriums, und gehen den gleichen Weg.

Jedesmal, wenn ich das „Veni Sancte Spiritus" bete oder – lieber noch – singe mit dieser wunderschönen alten Melodie, spüre ich die Kraft und die Inspiration, den Trost und den Beistand des Geistes/der Geistin in meinem Leben. Dann weiß ich wieder, worum es – trotz allem – geht.

Er/sie wäscht ab, was schmutzig ist. Er/sie spendet Wasser allem, was am Verdorren ist, so daß es wieder zum Leben kommt. Er/sie heilt, was verletzt und verwundet ist, und taut auf, was erstarrt. Er/sie es schenkt Wärme dem, dem kalt ist, und führt uns auf den richtigen Weg, wenn wir uns verirren. Es ist die Leben stiftende und Bewegung schaffende Gesinnung, auf die wir den Geist/die Geistin ansprechen dürfen, ja gar nicht genug ansprechen können. Er/sie kann somit in unserem Leben soweit wie möglich in unsere Gesinnung eingehen. Erst wenn wir so – für uns wie für andere – leben, wird das Leben von uns Menschen wirklich menschen-würdig, erhält es seine Resonanz von Gott, wird es zu einem göttlichen Geburtsprozeß. Denn ohne die Zuwendung des Geistes/der Geistin und ohne unsere Zuneigung zu ihm/ihr hin erleben wir im Menschen letztlich nur Dürre, Leere und Stagnation.

II

Bei meinen bisherigen Ausführungen habe ich im Blick auf den Geist/die Geistin sowohl männliche wie weibliche Formulierungen benutzt. Im Niederländischen ist das kein Problem. Denn da gibt es in grammatikalischer Hinsicht keinen Unterschied. Im Deutschen dagegen ist das anders: Da ist der Geist männlich. Im Gegensatz dazu habe ich die ungewöhnliche feminine Formulierung „die Geistin" aufgenommen. Damit möchte ich vor allem an die hebräische Bibel, dem Alten Testament, anknüpfen.

Der Begriff, der darin für Energie und Lebenskraft benutzt wird, lautet „ruah" (sprich: ruach), die aus der Beschränktheit, aus der Enge und aus der Beklemmung in die Weite führt und die lebendig macht. „Ruah" kommt indessen nicht nur im Hebräischen, sondern auch in vielen alten west- und ostsemitischen Sprachen vor. Dort ist „ruah" gleichbedeutend mit „Geborenwerden" – zwei Begriffe, die durch das heftige und intensive Atmen verbunden sind. Da führt die „ruah" das Kind aus der Enge in den weiten Raum des Lebens und macht wiederum Platz für die Mutter, um leben zu können.

Darum ist – auch grammatikalisch verstanden – „ruah" viel häufiger weiblich als männlich: immer dann vor allem, wenn es die Bedeutung hat von „zum

Leben bringen", „Leben schaffen" und „Leben fördern". Man spricht sogar von „unserer Mutter, der heiligen ruah". Nur wenn „ruah" soviel wie „Wind" bedeutet, der überwältigt und sogar zerstört, ist „ruah" seinem Genus nach männlich.

„Ruah" wurde zunächst ins Griechische mit „pneuma" übersetzt (Neutrum), dann ins Lateinische mit „spiritus" (Maskulinum). Im Zusammenhang damit ist die ursprüngliche Bedeutung von „ruah" eher abgeschwächt und sogar verdrängt worden.

Übersetzen ist immer ein heikler Vorgang. Es setzt mehr voraus, als ein Wort oder einen Satz Wort für Wort in eine andere Sprache zu übersetzen. Übersetzen ist vielmehr ein Übertragen von Sprache in das Denk- und Wertesystem einer anderen Kultur. So ist auch die Bedeutung von „schöpferischer Fruchtbarkeit" (vgl. Genesis 1,2: „Die ruah von JHWH schwebte über den Wassern") und von „erlösender Lebenskraft" (wie etwa im Falle des Hebammendienstes) abgeschwächt oder gar verdrängt worden. Im Alten Testament jedoch ist die ursprüngliche Bedeutung von der „ruah" Jahwes durchaus noch erhalten.

Dort, in der hebräischen Bibel, hat „ruah" immer mit Bewegung zu tun, mit Kraft und mit Initiative, durch die andere in Bewegung gebracht und auf die eigenen Füße gestellt werden. Im Hebräischen bedeutet „ruah" also auch ursprünglich „Wind" und „Sturm". Die „ruah" des Menschen meint aber auch Atem, Geist und Lebenskraft, die „ruah" Gottes steht für die göttliche Lebenskraft und für die Zuwendung Gottes zum Menschen, der von ihr erfaßt wird und durch sie in Bewegung kommt. Die „ruah" wird dann zu einer Personifizierung Gottes, die sich der Welt zuwendet – ganz analog zum Begriff der „Weisheit" (hebräisch „chokma"; griechisch „sophia" – beide weiblich).

Ich möchte nachdrücklich dafür plädieren, daß wir die weibliche Bedeutung von „ruah" wieder für den christlichen Glauben zurückgewinnen: im Sinne von „neues Leben schaffen" und „von neuem geboren werden". Diese Bedeutungen sind übrigens nicht ganz verlorengegangen: In der Apostelgeschichte (Kapitel 2) knüpft beispielsweise Lukas mit dem Thema „Geburt der Kirche" an der alttestamentlichen Tradition von „ruah" an. Er bezieht sich dabei auf die Verheißungen des Propheten Joel, fünf Jahrhunderte zuvor ausgesprochen:

Es wird geschehen,
sagt Gott,
daß ich meine ruah
ausgießen werde
über allen Menschen …

Damit kommt eine Entwicklung in Gang, bei der die „ruah" nicht nur besonderen Menschen, den Propheten beispielsweise, Kraft und Inspiration verleiht. Sie wird vielmehr als Gabe und als Beistand für alle Gläubigen verheißen, die sich an Gottes Ruf orientieren wollen. Am deutlichsten zeigt sich das am Gespräch Jesu mit Nikodemus (Johannes 3). Dort sagt Jesus:

Wahrlich, wahrlich, ich sage dir:
Es sei denn,
daß jemand von neuem
geboren werde aus Wasser und Geist,
so kann er das Reich Gottes
nicht sehen.

Nikodemus versteht kein Wort, und es ist auch ein Geheimnis. Aber wir können wieder mehr vertraut damit werden. Wir können wieder einen Zugang dafür finden.

Wenn wir den heiligen Geist/die heilige Geistin wieder entdecken als „Geburtshelferin", als die göttliche Kraft und Inspiration, die uns auf den Weg zu Gott bringt und die die Beziehung zwischen dem göttlichen Mysterium und uns Menschen lebendig erhält.

Deshalb ist mir das „Veni Sancte Spiritus" so wertvoll: nämlich die „ruah" inniglich zu bitten, uns immer wieder aufs neue einen Strahl ihres Lichtes zu schicken und – mit anderen Worten – sie willkommen zu heißen: als beste Trösterin und als besten Tröster, als Gast meiner Seele und als Labsal meines Lebens.

Beten ist Atmen der Seele

Paul-Werner Scheele

Vom Heiligen Geist erfüllt, rief Jesus voll Freude aus:
Ich preise dich, Vater, Herr des Himmels und der Erde,
weil du all das den Weisen und Klugen verborgen,
den Unmündigen aber offenbart hast.
Ja, Vater, so hat es dir gefallen.
Mir ist von meinem Vater alles übergeben worden;
niemand weiß, wer der Sohn ist, nur der Vater,
und niemand weiß, wer der Vater ist,
nur der Sohn und der,
dem es der Sohn offenbaren will.

Lukas 10,21f

Oft habe ich erfahren, daß eine biblische Wahrheit einem um so mehr aufgeht, je mehr man versucht, das bislang von ihr Erkannte anderen weiterzugeben. Wenn ich mitteile, was ich empfangen habe, kann ich besser als zuvor aufnehmen, was der Herr mir durch sein Wort mitteilen will. Besonders intensiv habe ich das erlebt, als ich im Dezember 1990 im früheren Benediktinerkloster Kigonsera im Südwesten von Tansania Exerzitienvorträge für afrikanische Priester gehalten habe. Ich hatte mich auf dieses Abenteuer eingelassen, weil Bischof Emmanuel Mapundo, der Oberhirte unserer Partnerdiözese Mbinga, mich dringend darum gebeten hatte.

Bei einer der Konferenzen sagte ich spontan, über mein englisches Manuskript hinausgehend: „Alles, was wir bislang überlegt haben und was ich euch noch weiterhin sagen werde, könnt ihr vergessen, aber nicht diese beiden Worte: ‚Ja, Vater' – ‚Abba, Amen'. Wer sie sich zu eigen macht, ist dem Herrn im Innersten verbunden. Wer sie im Sterben spricht, geht geradewegs in den Himmel. Wenn wir die Frohbotschaft weitergeben wollen, können wir nichts Besseres tun, als diese Urworte Jesu erschließen und vermitteln."

Noch während der Exerzitien habe ich versucht, selber den Weg weiterzugehen, den ich den Mitbrüdern aufgezeigt hatte. Dabei zeigte sich nicht nur die Leuchtkraft der Worte „Ja, Vater", sondern überdies ihre Tatkraft. Auf diesem Weg gingen mir die Worte aufs neue auf, die sich in der Mitte des Lukasevangeliums finden. Ich erkannte, daß sie uns auf die Mitte des Wollens und Wirkens Jesu hinweisen und uns zugleich helfen können, die Mitte unseres Lebens zu entdecken. In der Hoffnung, daß dies auch anderen geschenkt wird, will ich auf einiges hinweisen, was mir geholfen hat.

Zur Vorgeschichte des Textes gehört die Aussendung von 72 Jüngern (Lukas 10,1–16). Ihnen wird aufgetragen, Frieden zu vermitteln (V 5f), Kranke zu heilen und die Botschaft vom kommenden Gottesreich zu verkünden (V 9). Auf solche Weise werden sie in die Sendung und auch in das Schicksal Jesu hineingenommen. Sie werden nicht als strahlende Helden auf einen unwiderstehlichen Siegeszug geschickt, sie werden „wie Schafe mitten unter die Wölfe gesandt" (V 3). Jesus verschweigt ihnen nicht, daß sie auch Ablehnung erfahren werden (V 6.10f) und manchenorts mit einem Scheitern ihrer Mission zu rechnen haben (V 12–15).

Nach dieser Vorgeschichte ist es durchaus nicht selbstverständlich, daß Jesu sich anschließendes Wort unter dem Vorzeichen unbändiger Freude steht. Sie entspringt nicht einem trotzigen: „Und dennoch!", das den aktuellen Nöten ein Kontrastprogramm entgegensetzt. Sie ist Geschenk des Heiligen Geistes. Vom Geist der Liebe erfüllt, preist Jesus den Vater, den Herrn des Himmels und der Erde, nach dessen Willen alles geschieht, und spricht sein eigenes, sein ureigenes „Ja, Vater!"

Beide Worte begegnen uns an anderen Stellen der Bibel unübersetzt in der Gestalt, in der Jesus selbst sie ausgesprochen hat: „Amen, Abba." Mit Recht kann man sie als „Urworte Jesu" bezeichnen. Sein ganzes Leben steht im Zeichen des „Abba, Amen"; seine Frohbotschaft ist eine Auslegung seines „Abba, Amen". Das „Vater unser" wie das „Hohepriesterliche Gebet" (Johannes 17) entfalten auf unterschiedliche Weise, was in den Worten „Abba, Amen" zusammengefaßt ist. Am Vorabend seines Leidens ruft Jesus im Garten Getsemani: „Abba, Vater, alles ist dir möglich. Nimm diesen Kelch von mir! Aber nicht was ich will, sondern was du willst" (Markus 14,36). Die Worte des Gekreuzigten, die Lukas berichtet, schlagen nochmals den Bogen vom „Abba" zum „Amen": „Vater, vergib ihnen" (Lukas 23,34), „Vater, in deine Hände lege ich meinen Geist" (Lukas 23,46).

Die tiefste Quelle des Abba-Amen Jesu ist das Abba-Amen des ewigen Sohnes. Darauf weisen die Worte hin, die dem „Ja, Vater" folgen: „Mir ist von meinem Vater alles übergeben worden, niemand weiß, wer der Sohn ist, nur der Vater, und niemand weiß, wer der Vater ist, nur der Sohn und der, dem es der Sohn offenbaren will." Alles, was der Sohn ist und hat, verdankt er der alles hingebenden Liebe des Vaters. Da er selber diese empfängt und sich zu eigen macht, sind Vater und Sohn immerzu in einem einzigartigen liebenden Erkennen vereint.

So unfaßbar dieses Geheimnis ist, unfaßbarer noch ist, daß Menschen in dieses Geheimnis eingeweiht, ja hineingenommen werden sollen. Am liebenden Erkennen und erkennenden Lieben des ewigen Sohnes sollen die teilhaben, denen er es offenbaren will. Sie sind berufen, zusammen mit dem Sohn und in der Kraft des Heiligen Geistes sein „Abba, Amen" mitzusprechen, mitzuleben. Von diesem Geheimnis ergriffen, versichert Paulus: Gott „sandte den Geist seines Sohnes in unser Herz, den Geist, der ruft: Abba, Vater" (Galater 4,6). Wir, die wir von uns aus nicht wissen, wie wir beten sollen (Römer 8,26), werden vom Geist Gottes in das Beten Jesu und so in das Beten des ewigen Sohnes hineingenommen.

Durch den Atem des Heiligen Geistes können die Worte „Abba, Amen" sich mit unserem Ein- und Ausatmen verbinden und so jene Umschreibung des Betens Wahrheit werden lassen, die oft gedankenlos hergesagt wird: „Beten ist Atmen der Seele". Wenn das Einatmen mit dem „Abba" verbunden ist, kann deutlich werden, daß wir alles, was wir sind und haben, der Liebe des Vaters verdanken, dem deshalb unser liebendes „Abba" gebührt. Wenn mit dem Ausatmen das „Amen" vollzogen wird, kann mit der Rückgabe der Luft die Rückgabe unseres Lebens in Gottes Hand einhergehen: das vertrauende Ja, das den Kern des Glaubens ausmacht. Die Urworte Jesu können unsere Grundworte werden, und ihr Mitvollzug zum Grundrhythmus unseres Lebens. Wer mit Jesus im Heiligen Geist sagt und lebt:

„Abba, alles von dir – Amen, alles für dich“,

kann nicht nur dann und wann einmal beten, sondern mehr und mehr mit ihm betend leben. Immer neu beschenkt, kann er immer neu die Antwort der Liebe und des Glaubens erstreben, von der unser Heil in Zeit und Ewigkeit abhängt.

Doch gut ist ein Gespräch

Heinrich Schipperges

Andenken

*Der Nordost wehet,
Der liebste unter den Winden
Mir, weil er feurigen Geist
Und gute Fahrt verheißet den Schiffern.
Geh aber nun und grüße
Die schöne Garonne
Und die Gärten von Bordeaux
Dort, wo am scharfen Ufer
Hingeht der Steg und in den Strom
Tief fällt der Bach, darüber aber
Hinschauet ein edel Paar
Von Eichen und Silberpappeln.*

*Noch denket das mir wohl, und wie
Die breiten Gipfel neiget
Der Ulmwald, über die Mühl,
Im Hofe wächset ein Feigenbaum.
An Feiertagen gehn
Die braunen Frauen daselbst
Auf seidnen Boden,
Zur Märzenzeit,
Wenn gleich ist Nacht und Tag,
Und über langsamen Stegen,
Von goldenen Träumen schwer,
Einwiegende Lüfte ziehen.*

Es reiche aber,
Des dunkeln Lichtes voll,
Mir einer den duftenden Becher,
Damit ich ruhen möge; denn süß
Wär unter Schatten der Schlummer.
Nicht ist es gut,
Seellos von sterblichen
Gedanken zu sein. Doch gut
Ist ein Gespräch und zu sagen
Des Herzens Meinung, zu hören viel
Von Tagen der Lieb,
Und Taten, welche geschehen.

Wo aber sind die Freunde? Bellarmin
Mit den Gefährten? Mancher
Trägt Scheue, an die Quelle zu gehn;
Es beginnt nämlich der Reichtum
Im Meere. Sie,
Wie Maler, bringen zusammen
Das Schöne der Erd und verschmähn
Den geflügelten Krieg nicht, und
Zu wohnen einsam, Jahrlang, unter
Dem entlaubten Mast, wo nicht die Nacht durchglänzen
Die Feiertage der Stadt,
Und Saitenspiel und eingeborener Tanz nicht.

Nun aber sind zu Indiern
Die Männer gegangen,
Dort an der luftigen Spitz'
An Traubenbergen, wo herab
Die Dordogne kommt.
Und zusammen mit der prächtigen
Garonne meerbreit
Ausgehet der Strom. Es nehmet aber
Und gibt Gedächtnis die See.

Und die Lieb auch heftet fleißig die Augen.
Was bleibet aber, stiften die Dichter.

Friedrich Hölderlin

Es ist mir so gut wie heut noch in Erinnerung, was Martin Heidegger in seiner Kriegsvorlesung 1941/42 in Freiburg über das Wesen der Sprache vorgetragen hat. Er sprach damals ein ganzes Semester lang über Hölderlins Gedicht „Andenken", eine Vorlesung, die sich dann auf einen einzigen Vers konzentrierte, der da lautet:

… *Doch gut*
Ist ein Gespräch, und zu sagen
Des Herzens Meinung, zu hören viel
Von Tagen der Lieb,
Und Taten, welche geschehen.

Ich war damals – 1940 – im Frankreichfeldzug durch einen Halssteckschuß schwer verwundet worden, lag ein halbes Jahr mit einer Stimmbandlähmung in einem Stuttgarter Spital – ohne Sprache, doch wachen Ohrs – und kam 1941, auf Hölderlins Spuren, nach Tübingen. Als verwundeter Offizier, „zum Studium freigestellt", fuhr ich immer wieder nach Freiburg, um Heidegger zu hören. Da ich „schwarz" fuhr, ohne offiziellen Urlaubsschein, in Räuberzivil, konnte es nicht ausbleiben, daß ich eines Tages von der Gestapo geschnappt wurde, die mein Tagebuch beschlagnahmte, und auf diese Weise frontal konfrontiert wurde mit Hölderlins „Andenken", jener berauschenden Hymne, die so wuchtig anhebt mit:

Der Nordost wehet,
Der liebste unter den Winden
Mir, weil er feurigen Geist
Und gute Fahrt verheißet den Schiffern.

Martin Heidegger ging in seiner damaligen denkwürdigen Vorlesung von dem „dichtenden Wort" als „Verkehrsmittel" aus, und er ärgerte sich maßlos über die heutige, eine geradezu „planetarische Entfremdung zum Wort". Von Jahr zu Jahr werde unser natürlicher „Bezug zum Wort" unheilvoller verstört „durch das zuchtlose Geschreibe, durch das bodenlose Gerede, durch das wahllose Gelese". Demgegenüber vermittelte Heidegger uns nun die „Annäherung an das Wort". Mit dem Wort können wir nie lediglich „umgehen". Wer aber „angesprochen" ist, ist schon herausgefordert zu „Mitteilung" und „Anteilnahme". Beide sind Teile nur des Gesprächs.

Was also wäre Gespräch? Zu sagen: des Herzens Meinung, und nicht so sehr das „Gemeinte" als die „Minne", das, „worinnen das Herz hängt und was es aus seinem Grunde will". Und zu hören? Nun – von Tagen der Liebe und Taten, welche geschehen. Die historischen Dimensionen da draußen und das so intime Geschehen hier drinnen –, das wäre dann auch schon alles!

Gespräch als Anteilnahme und Mitteilung ist Wort und Antwort in eins, in voller Verantwortung. Gespräch in diesem Sinne geschieht nur unter Freunden, und es „macht erst die Freunde". Damals, im Kriegssemester 1941/42, wußte ich noch nicht, daß meine Tübinger Wirtin ein Patenkind der Lotte Zimmer war, bei der Hölderlin im Turm wohnte, und daß sie mir einmal jenen silbernen Löffel zur Hochzeit schenken würde, der noch die Bißspuren trägt, wenn's „Hölderle" wieder mal „wüescht" tat.

Es wurden wirklich Texte, die trugen. Das „Andenken" ist mit mir – im Jahr 1942 – in den Rußlandfeldzug gegangen; es hat mich – in einer zerfledderten Reclam-Ausgabe – auf den Rückzügen begleitet: vom Fuße des Elbrus bis zur Mündung der Donau. Viermal schwerverwundet, einmal zum Tode verurteilt, kam ich 1946 zu meinem ersten Semester Medizin. Daß „gut ein Gespräch" sei, hat mir das Medizinstudium erleichtert und meine ersten Begegnungen mit kranken Menschen geebnet; es blieb das Grundthema meiner Ausbildung zum Facharzt für Nerven- und Gemütsleiden.

Ich habe den Spruch über das „Wesen der Sprache" bei meiner „Einführung in den Raum und Geist der Medizin" immer wieder in Erinnerung bringen dürfen und so das „Andenken" bewahrt. Es blieb ein Vierteljahrhundert auch der geistige Hintergrund meiner Vorlesungen über „die historische und soziale Verwurzelung des ärztlichen Denkens, Wissens und Handelns".

Es ist in der Tat ein Text, der mich trug ...

Es ist was Besseres in der Welt

Heinz Zahrnt

Abendlied

Der Mond ist aufgegangen
Die goldnen Sternlein prangen
Am Himmel hell und klar;
Der Wald steht schwarz und schweiget,
Und aus den Wiesen steiget
Der weiße Nebel wunderbar.

Wie ist die Welt so stille,
Und in der Dämmrung Hülle
So traulich und so hold!
Als eine stille Kammer,
Wo ihr des Tages Jammer
Verschlafen und vergessen sollt.

Seht ihr den Mond dort stehen? –
Er ist nur halb zu sehen,
Und ist doch rund und schön!
So sind wohl manche Sachen,
Die wir getrost belachen,
Weil unsre Augen sie nicht sehn.

Wir stolzen Menschenkinder
Sind eitel arme Sünder
Und wissen gar nicht viel;
Wir spinnen Luftgespinste
Und suchen viele Künste
Und kommen weiter von dem Ziel.

Gott, laß uns dein Heil schauen,
Auf nichts Vergänglich trauen,
Nicht Eitelkeit uns freun!
Laß uns einfältig werden
Und vor dir hier auf Erden
Wie Kinder fromm und fröhlich sein!

Wollst endlich sonder Grämen
Aus dieser Welt uns nehmen
Durch einen sanften Tod!
Und, wenn du uns genommen,
Laß uns in Himmel kommen,
Du unser Herr und unser Gott!

So legt euch denn, ihr Brüder,
in Gottes Namen nieder;
kalt ist der Abendhauch.
Verschon uns, Gott mit Strafen
und laß uns ruhig schlafen.
Und unsern kranken Nachbarn auch!

Matthias Claudius

Kriegslied

's ist Krieg! 's ist Krieg! O Gottes Engel wehre,
Und rede Du darein!
's ist leider Krieg – und ich begehre
Nicht schuld daran zu sein!

Was sollt' ich machen, wenn im Schlaf mit Grämen
Und blutig, bleich und blaß,
Die Geister der Erschlagnen zu mir kämen,
Und vor mir weinten, was?

Wenn wackre Männer, die sich Ehre suchten,
Verstümmelt und halb tot
Im Staub sich vor mir wälzten und mir fluchten
In ihrer Todesnot?

Wenn tausend tausend Väter, Mütter, Bräute,
So glücklich vor dem Krieg,
Nun alle elend, alle arme Leute,
Wehklagten über mich?

Wenn Hunger, böse Seuch' und ihre Nöten
Freund, Freund und Feind ins Grab
Versammleten, und mir zu Ehren krähten
Von einer Leich' herab?

Was hülf' mir Kron' und Land und Gold und Ehre?
Die könnten mich nicht freun!
's ist leider Krieg – und ich begehre
Nicht schuld daran zu sein!

Matthias Claudius

Mit Matthias Claudius ist es mir ergangen, wie er es sich selbst von seinen Lesern gewünscht hat: „Es spinnt sich zwischen Schriftsteller und Leser, wenn sie es gut miteinander meinen, eine Art Liebe und Anhänglichkeit." Nicht auf alles, was der „Wandsbecker Bote" geschrieben hat, trifft dies für mich zu, in jedem Fall aber, und dies schon von früh an, auf die beiden ausgewählten Gedichte. Ich halte das „Abendlied" und das „Kriegslied" für zwei Höhepunkte nicht nur in Claudius Werk, sondern in der deutschen Dichtung überhaupt. Sie bezeichnen die beiden inneren Pole seines Schreibens und damit zugleich die beiden denkbar äußersten Gegensätze allen Lebens: Zwischen ihnen spannt sich „Gott und die Welt".

„Der Mond ist aufgegangen" – daraus spricht ein „Friede, der höher ist als alle Vernunft". *„'s ist Krieg! 's ist Krieg!"* – daraus dröhnt, was wider alle Vernunft ist.

Beide Gedichte sind in ihrer Gestalt so einfach und schlicht und in ihrem Inhalt so klar und verständlich, daß ich das „Abendlied" schon als Kind gesungen habe und beide Lieder mir noch im Alter nicht leid geworden sind. Noch heute kann mich das Abendlied tief ergreifen und das Kriegslied in mir wilden Zorn erwecken. Daß die Lieder dem Lauf des Lebens standgehalten und sich nicht abgenutzt haben, ist ein Zeichen ihrer dichterischen Echtheit. Aber gerade weil Inhalt und Gestalt in ihnen eine unlösliche Einheit bilden, weiß ich kaum, was ich nun noch „dazu"-sagen soll. Es geht mir dabei wie einem Theologen, der elementare Glaubenserfahrungen hinterher auf den Begriff zu bringen versucht – es kann immer nur ein nachträgliches, wenn nicht gar abträgliches Unterfangen sein.

Das Abendlied *„Der Mond ist aufgegangen"* enthält für mich die Summe christlicher Frömmigkeit. In den Tagen des Lebens kann man mit ihm leben und am Abend des Lebens vielleicht sogar mit ihm sterben. Darum könnte ich von diesem Lied mit Artikel VIII des „Augsburgischen Bekenntnisses" sagen: „Satis est – es ist genug zu wahrer Einigkeit der christlichen Kirchen".

Friedrich Graf von Stolberg hat über Claudius einmal geäußert: Er habe „immer Mondschein im Herzen". Aber das ist ein romantisches Mißverständnis. Matthias Claudius war kein „mondsüchtiger" Naturlyriker. Er predigt freilich auch nicht, schon gar nicht verteidigt er, eher polemisiert er; er macht aufmerksam, erinnert, weist hin und hält sich bei all dem an sein eigenes Wort: „Man ist nur einmal in der Welt und nicht darin, ihr nach dem Sinn zu reden.“

Das Abendlied beginnt mit der Betrachtung : „Der Mond ist aufgegangen ...“ (Vers 1), führt weiter zur Besinnung: „Wie ist die Welt so stille ...“ (Vers 2–4), steigt auf zum Gebet: „Gott, laß uns dein Heil schauen ...“ (Vers 5) und endet schließlich mit der Aufforderung: „So legt euch denn, ihr Brüder, in Gottes Namen nieder ...“ (Vers 6). Aber zwischen Betrachtung, Besinnung, Gebet und Aufforderung ist kein Bruch, nicht einmal ein merklicher Übergang.

Matthias Claudius denkt nicht zuerst über die Welt nach und sodann über Gott, sondern sein Nachdenken über die Welt ist von Anbeginn ein Andenken an Gott und sein Reden über Gott ein Reden zu Gott – mit einem Wort, es ist „An-dacht“. Das Außen der Natur und das Innere des Betrachters sind darin eins.

Über dem innigen Anschauen der Natur verwandelt sich ihm die Welt in eine stille Kammer, in der er sich geborgen wissen darf. Und auch wenn der Mond nur halb zu sehen ist, so ist er dennoch rund und schön. Dabei versinkt der Betrachter aber nicht in der Natur; sie verklärt sich ihm auch nicht zum Gleichnis, sondern er übersteigt sie. Matthias Claudius weiß – und diese Gewißheit ist der Grund seines Lebens und Dichtens: „Es ist was Besseres in der Welt als all ihr Schmerz und Lust.“ Zu solcher Erkenntnis der Welt aber bedarf es mehr als nur des Auges der Vernunft. Mit ihm allein erkennt der Mensch nicht, was an der Welt und an ihm selbst in Wahrheit ist: Sachen zum Lachen, viele Künste, aber keine Lebenskunst, Luftgespinste ohne Ziel und statt stolzer Menschenkinder nur eitel arme Sünder.

Die Erfahrung der Endlichkeit der Welt entbindet Religion. Die Hinfälligkeit des Daseins läßt nach Hilfe ausschauen. Und so erwächst aus Betrachtung und Besinnung von selbst das Gebet: „Gott, laß uns dein Heil schauen, auf nichts Vergänglichs trauen ..." Die Gnade Gottes ist es, die meinem Leben Grund, Maß und Ziel gibt. Sie ist die Quelle des Vertrauens, das aus jeder Strophe des Liedes spricht. Für Matthias Claudius war die Religion allzeit zuerst eine offene Hand, Gaben entgegenzunehmen, und sodann erst eine tätige Hand, Gaben auszuteilen. Er hat selbst danach gelebt.

Dazu gehört für ihn dann auch die Gabe des ewigen Lebens – darum die Bitte um einen „sanften Tod". Hier wird die Sterbestunde nicht zur letzten Entscheidungsschlacht des ganzen Lebens hinaufstilisiert, sondern jedes heroischen Pathos' entkleidet und als das identifiziert, was allein sie wirklich ist: der Durchgang zum ewigen Leben. Und so geht es in die Ruhe der Nacht, wobei der kranke Nachbar nicht vergessen wird.

Matthias Claudius' Abendlied „Der Mond ist aufgegangen" bedeutet für mich ein überzeugendes Beispiel christlicher Weltfrömmigkeit. Gott und Welt sind in ihm eins, aber sie sind nicht ein und dasselbe. Doch da ist kein Unterschied zwischen „Schöpfergott" und „Erlösergott". Die Schöpfung ist der Abglanz der Gnade Gottes: Und es ist derselbe Gott, der das tägliche Brot gibt und der die Schuld vergibt.

In demselben Musenalmanach, in dem das „Abendlied" erschienen ist, steht etwa hundert Seiten weiter Claudius' „Kriegslied". Dies beweist, daß der Wandsbecker Bote mit seiner frommen Poesie die Wirklichkeit nicht schwärmerisch überfliegt, sondern sagt, „was Sache ist" („quod res est").

„'s ist Krieg! 's ist Krieg!" Das ist ein Aufschrei – ein ohnmächtiger Aufschrei. Darum wendet der Dichter

sich an Gott. Er klagt ihm verzweifelt seine namenlose Angst und fordert seine Macht ein: „O Gottes Engel wehre und rede du darein!"

Dann folgt eine Vision von apokalyptischem Ausmaß. Sie zeigt das wahre Antlitz des Krieges, ohne maskuline Verherrlichung, politische Beschönigung oder heroische Verklärung. Im Schlaf suchen die Erschlagenen den Dichter heim und weisen weinend auf die Opfer: wackere Männer, verstümmelt und halbtot im Staub liegend – tausend Väter, Mütter, Bräute, einst glücklich, jetzt elend und arm – dazu Hunger und böse Seuchen – und am Ende Freund und Feind in einem Grab …

Das Kriegslied scheint stellenweise patriotisch, aber es ist insgesamt pazifistisch. Karl Kraus hat es 1917 in seiner „Fackel" zu Recht abgedruckt, als im Ersten Weltkrieg ein Separatfriede möglich schien.

In dem ganzen „Kriegslied" kommt, abgesehen vom Anruf am Anfang, der Name Gottes an keiner Stelle vor. Der Krieg ist nicht Gottes Sache, sondern allein eine Sache der Menschen und ihrer gemeinsamen Schuld. Und Claudius spürt, wie auch er, ob er will oder nicht, in diese Schuldgemeinschaft eingebunden ist. Darum kehrt das Lied am Ende noch einmal zum Anfang zurück: „'s ist Krieg – und ich begehre nicht schuld daran zu sein!"

Es ist das Lied und Gebet meiner Generation.

Stimmbildung

Eva Zeller

Nun ruhen alle Wälder

Nun ruhen alle Wälder,
Vieh, Menschen, Städt und Felder,
Es schläft die ganze Welt;
Ihr aber, meine Sinnen,
Auf, auf ihr sollt beginnen,
Was eurem Schöpfer wohlgefällt.

Wo bist du, Sonne, blieben?
Die Nacht hat dich vertrieben,
Die Nacht, des Tages Feind.
Fahr hin, ein andre Sonne,
Mein Jesus, meine Wonne,
Gar hell in meinem Herzen scheint.

Der Tag ist nun vergangen,
Die güldnen Sternlein prangen
Am blauen Himmelssaal;
Also werd ich auch stehen,
Wann mich wird heißen gehen
Mein Gott aus diesem Jammertal.

Der Leib eilt nun zur Ruhe,
Legt ab das Kleid und Schuhe,
Das Bild der Sterblichkeit;
Die zieh ich aus, dagegen
Wird Christus mir anlegen
Den Rock der Ehr und Herrlichkeitt.

Das Haupt, die Füß und Hände
Sind froh, daß nun zum Ende
Die Arbeit kommen sei.
Herz, freu dich, du sollst werden
Vom Elend dieser Erden
Und von der Sünden Arbeit frei.

Nun geht, ihr matten Glieder,
Geht hin und legt euch nieder,
Der Betten ihr begehrt.
Es kommen Stund und Zeiten,
Da man euch wird bereiten
Zur Ruh ein Bettlein in der Erd.

Mein Augen stehn verdrossen,
Im Nu sind sie geschlossen.
Wo bleibt dann Leib und Seel?
Nimm sie zu deinen Gnaden,
Sei gut für allen Schaden,
Du Aug und Wächter Israel'.

Breit aus die Flügel beide,
O Jesu, meine Freude,
Und nimm dein Küchlein ein.
Will Satan mich verschlingen,
So laß die Englein singen:
„Dies Kind soll unverletzet sein."

Auch euch, ihr meine Lieben,
Soll heute nicht betrüben
Kein Unfall noch Gefahr.
Gott laß euch selig schlafen,
Stell euch die güldnen Waffen
Ums Bett und seiner Engel Schar.

Paul Gerhardt

Stimmbildung – Paul Gerhardt's Abendlied wurde mir an der Wiege gesungen, jedenfalls die ersten und die letzten beiden Strophen. Ich wüßte nicht, wann ich es je gelernt hätte. Meine Mutter war Musikpädagogin. Noch heute habe ich im Ohr, wie sie im Nebenzimmer ihre Schülerinnen in Stimmbildung unterwies und ihnen die verschiedenen Einsätze vorsang, den gehauchten beim Ausatmen: „Nun ruhen alle Wälder", den weichen mit leiser Kopfstimme: „Wo bist du Sonne blieben" und den harten, bei dem der Brustkorb vibrieren durfte, mit den Anfangsversen der beiden letzten Liedstrophen: „Breit aus die Flügel beide" und „Auch euch, ihr meine Lieben ..." Ich vermute, daß ein Kind früh mitsummt und mitsingt. Worte wie „Küchlein" oder „gülden" gefielen mir sehr.

Später habe ich das Lied meinen eigenen Kindern vorgesungen, besonders während der Jahre, die wir in Südwestafrika – heute Namibia – lebten. Weil in dem Ort, in dem wir wohnten, viele europäische und afrikanische Sprachen gesprochen wurden, versuchte ich den Kindern die Muttersprache durch das Singen deutscher Lieder lieb zu machen. Und da boten sich Paul Gerhardts Lieder immer wieder an. Sang ich „Nun ruhen alle Wälder", mußte ich erklären, was Wälder sind, denn wir wohnten in der Namibwüste. Die mittleren Strophen, in denen vom „Jammertal", von der „Sterblichkeit", von „matten Gliedern" und dem „Bettlein in der Erd" die Rede ist, ließ ich auch aus.

Diese unterschlagenen Strophen hörte ich dann auf Afrikaans bei einer Beerdigung singen. Afrikaans ist für ein deutsches Ohr leicht verständlich, weil es dem Holländischen ähnelt. „Der Leib eilt nun zur Ruhe" sang der Chor, „Nun geht, ihr matten Glieder ..." und immer dann auch die beiden letzten Strophen. Auf Englisch, Portugiesisch, in den finnischen Missionskirchen auf Finnisch und Schwedisch, in den afrikanischen Gottesdiensten in der Herero- und Ovambosprache und in der Schnalzsprache der Namaqua verfolgte mich das Lied, dieses und andere von Paul Gerhardt.

Schon damals nahm ich mir vor, ein Paul-Gerhardt-Gedicht zu schreiben, eins, in dem ich ihm Dank sage für seine Gedichte, seine Lieder, die ihre unvergleichliche Ausstrahlungskraft und ihren eigentümlichen Rang bis heute bewahrt haben. Wie aber rede ich über dreihundert Jahre hinweg aus unserem heillosen Jahrhundert zu einem Dichter des 17. Jahrhunderts? In welchem Tonfall?

Schließlich kam mir die Idee, einen fiktiven Spaziergang mit dem alten Paul Gerhardt durch Lübben zu machen, das meistens überflutete Spreewaldstädtchen, in dem Paul Gerhardt die letzten Jahre seines Lebens verbrachte, nachdem seine Frau und vier seiner fünf Kinder schon verstorben waren. In Lübben dichtete er noch einige seiner Lieder, die heute zu den meistübersetzten gehören.

Als Paul Gerhardt 1676 starb, wurde seiner in der Öffentlichkeit nicht gedacht, auch sein Grab auf dem Lübbener Friedhof ist unbekannt. Hätten nicht zwei bedeutende zeitgenössische Kirchenmusiker, Johann Crüger und Johann Georg Ebeling, dem schüchternen Dichter die Manuskripte entlockt, wer weiß, ob wir je „Befiehl du deine Wege“ oder „O Haupt voll Blut und Wunden“ hätten singen können.

Mein Widmungsgedicht sollte – das hatte ich mir vorgenommen – in einen Paul-Gerhardt-Vers münden:

Paul Gerhardt

Mit ihm ginge ich gerne über
Spreeinseln in Lübben,
langsame Wasser, Wege,
Lauf und Bahn,
es müßte Sommer sein und dieser
Landstrich nicht überflutet, es
schwingen sich die Lerchen in die Luft,
die unverdrossene Bienenschar,
und weit und breit kein
Krieg und große Schrecken.

Ich rede ihn mit Herr Propst an,
doch er winkt ab, man wisse ja,
sein Starrsinn, er sei nunmehro
Archidiakonus, dreihundertachzig
Seelen; ich schlage flugs
ihm mein Gesangbuch auf,
wo es am zerlesensten ist:
Herr Archidiakonus,
Poet von Gottes Gnaden,
süßer Melodist, ein Wunder,
daß er auch das Alphabet benütze
und nicht das Schlagen der
hochbegabten Nachtigall.

Er hört sehr schwer,
ich hätte schreien müssen,
wir gehn durch Erlenbrüche, astreine
rote Ruten zum Flötenschnitzen,
die Dommel ruft und macht
sich in die Wälder, wir gehn
durch Schilf, das sich verneigt,
er vor mir her, ein alter Mann,

beim Selbstgespräch ertappt:
Wenn mir mein Herz in Stücke bricht,
bleibt der mein Herz,
der niemals was versehen.
Zwei mit nur einem Herzen.
Der Weg ist schmal,
das Licht hebt Flügel
aus der Taufe, die noch tropfen,
und ich muß denken: wenn es
Gott nicht geben sollt – wir haben
Lieder, die uns das Abba schrein
aus all ihrer Kraft.

Der Boden schwankt,
der vor mir hergeht,
kennt hier jeden Schritt,
heilige Vögel waten,
Nebenbäche rauschen in dem Sand
und malen sich an ihrem Rand
die schattenreiche Myrrhe,
die Lieder treten über ihre Ufer,
ein schwarzgeteerter Handkahn
wartet, der Dichter von
O Haupt voll Blut und Wunden
verneigt sich steif, ihn rufe
jetzt die Pflicht zu einem Kranken,
dreihundertachtzig Seelen,
im Winter gehe er hier übers Eis,
die Wege ändern blinkend ihren Lauf,
die Ruderschläge, zeitlupenhaft
entgleitet mir das Bild.

Ich hätte fragen sollen:
Alles Ding hat seine Zeit,
viel Wasser fließt dahin,

doch diese Lieder, warum
sind sie nicht abgesunken,
die leisen, purer Atem,
andere so als würde die
Posaune sie begleiten,
die packt Gott an der Kehle.

Ich hätte sagen sollen:
Wenn wir uns nachts mit
Schwermut quälen, stellt er
für uns die güldnen Waffen
ums Bett und Seiner
Engel Schar.

Wer unter euch ohne Sünde ist …

Hans Rudolf Zöbeley

Jesus und die Ehebrecherin

Und ein jeglicher ging heim.
Jesus aber ging an den Ölberg.
Und frühmorgens kam er wieder in den Tempel,
Und alles Volk kam zu ihm;
Und er setzte sich und lehrte sie.

Aber die Schriftgelehrten und
Pharisäer brachten eine Frau zu ihm,
Im Ehebruch ergriffen,
Und stellten sie in die Mitte
Und sprachen zu ihm:
Meister, diese Frau ist ergriffen
Auf frischer Tat im Ehebruch.
Mose aber hat uns im Gesetz geboten,
Solche zu steinigen.
Was sagst du?

Das sprachen sie aber,
Ihn zu versuchen,
Auf daß sie eine Sache wider ihn hätten.
Aber Jesus bückte sich nieder
Und schrieb mit dem Finger auf die Erde.
Als sie nun anhielten,
Ihn zu fragen,
Richtete er sich auf
Und sprach zu ihnen:
Wer unter euch ohne Sünde ist,

Der werfe den ersten Stein auf sie.
Und bückte sich wieder nieder
Und schrieb auf die Erde.
Da sie aber das hörten,
Gingen sie hinaus,
Einer nach dem andern,
Von den Ältesten an;
Und Jesus ward allein gelassen
Und die Frau in der Mitte stehend.

Jesus aber richtete sich auf
Und sprach zu ihr:
Weib, wo sind sie,
Deine Verkläger?
Hat dich niemand verdammt?
Sie aber sprach:
Herr, niemand.

Jesus aber sprach:
So verdamme ich dich auch nicht;
Gehe hin und sündige hinfort nicht mehr.

Johannes 8,1–11

Eine der verblüffenden Antworten Jesu auf die Fragen seiner Umgebung wird uns von dem Evangelisten Johannes mitgeteilt: „Wer von euch ohne Sünde ist, der werfe den ersten Stein" (8,7).

So oft ich diese Geschichte lese oder höre, ist für mich die Antwort Jesu eine starke Herausforderung, jede Art von Schuldzuweisungen kritisch, das heißt unter Einbeziehung meiner eigenen Person zu überdenken.

Sieht man zunächst einmal von der Skepsis der Schriftgelehrten und Fachtheologen dem neuen Messias gegenüber ab, so zeigt doch die Begebenheit im

Tempel deutlich eine der vielen Möglichkeiten, wie wir Menschen zur Erkenntnis eigener Fehler kommen und diese Erkenntnis auch in die Tat umsetzen.

Eine mehr oder weniger in sich geschlossene und von sich rechtlich überzeugte religiöse Gemeinschaft vollzieht während einer Gerichtsverhandlung einen totalen Sinneswandel:

„Jesus aber ging an den Ölberg. Und frühmorgens kam er wieder in den Tempel, und alles Volk kam zu ihm; und er setzte sich und lehrte sie. Aber die Schriftgelehrten und Pharisäer brachten eine Frau zu ihm, im Ehebruch ergriffen, und stellten sie in die Mitte" (Vers 1–3).

Wir sind interessierte Beobachter dieser Szene. Die Schriftgelehrten schleppen diese Frau durch die große Volksmenge, stellen sie vor Jesus hin und eröffnen den Prozeß. Nach mosaischem Gesetz steht auf Ehebruch die Todesstrafe. Die Gesetzeshüter sind erfüllt von ihrem Engagement. Endlich ein konkreter Fall, bei dem der in ihren Augen selbsternannte Messias seine Verankerung in der mosaischen Rechtsprechung und seine Gesetzestreue unter Beweis stellen kann. Die Konfrontation ist unausweichlich und bewirkt eine knisternde Spannung bei allen Anwesenden.

„Und sprachen zu ihm: Meister, diese Frau ist ergriffen auf frischer Tat im Ehebruch. Mose aber hat uns im Gesetz geboten, solche zu steinigen. Was sagst du?" (Vers 4–5).

Jesus schweigt und malt Schriftzeichen auf die Erde. Die Ankläger lassen nicht locker und wiederholen ihre Frage. Plötzlich bricht Jesus sein Schweigen, richtet sich auf und spricht zu ihnen:

„Wer unter euch ohne Sünde ist, der werfe den ersten Stein auf sie. Und bückte sich wieder nieder und schrieb auf die Erde“ (Vers 7–8).

Wir könnten uns vorstellen, daß jetzt die Gegenargumente kommen, sachlich korrekt und innerlich vom Glauben an das Gesetz erfüllt. Das Plädoyer des Staatsanwalts würde etwa so aussehen: „Es handelt sich nach unserer Auffassung nicht um ein Kavaliersdelikt, sondern um eine eklatante Gesetzesübertretung, durch die die moralische Grundordnung unserer Gesellschaft in Frage gestellt wird. Und wo ist der Mann, mit dem die Frau es getrieben hat? Steht er nach unserem geltenden Recht nicht auch unter Anklage? Auch hast du selbst gesagt, es soll in deinem neuen Reich vom Gesetz Moses nicht ein Buchstabe für ungültig erklärt werden (Matthäus 5,17f). Sieh also zu, daß du durch die Begnadigung der Verbrecherin nicht mit dir selbst und mit deinem Auftrag in Konflikt gerätst.“

Stattdessen wiederum Stille, nicht ein einziges Votum der Umstehenden für Sitte und Ordnung. *„Wer unter euch ohne Sünde ist …“* Alle sind verunsichert, Zweifel an ihrer Selbstsicherheit kommen auf, ihr unerschütterlicher Glaube an die eigene Gesetzestreue kommt ins Wanken: Haben wir nicht selbst gelegentlich eine besonders attraktive Frau verlangend angeschaut und dabei versucht, sie nicht aus den Augen zu verlieren? Dieser Jesus hat offenbar eine viel umfassendere Vision vom Umfang und der Gültigkeit des Gottesgebots. Er sagt es an anderer Stelle:

„Ihr habt gehört, daß gesagt ist: ‘Du sollst nicht ehebrechen.’ Ich aber sage euch: Wer eine Frau ansieht, ihrer zu begehren, der hat schon mit ihr die Ehe gebrochen in seinem Herzen“ (Matthäus 5,27f).

Nach außen sind wir strenge Gesetzeshüter. Aber wie steht es mit unserem Inneren? *„Wer unter euch ohne Sünde ist …"* Dieser Satz kehrt bei den Anwesenden plötzlich alles um. Ihre Außenwelt, ihre bürgerliche Korrektheit und ihre gesellschaftliche Moral- und Wertvorstellung treten in den Hintergrund. Ihr Inneres meldet sich zu Wort, der Spürsinn für den im Gesetz verankerten Willen Gottes. Und da sieht es trübe aus mit dem Bewußtsein eigener Qualitäten.

„Wer unter euch ohne Sünde ist …" trifft eine wunde Stelle in unserem Leben. Wir sollten, jeder für sich, erst einmal nach Hause gehen und unser Innenleben nach dem Willen Gottes ausrichten, bevor wir mit dem Finger auf andere Menschen deuten.

Eine unerwartete Bewegung kommt in die Volksversammlung. Die gerade eben noch selbstsicheren Gesprächsteilnehmer kehren um:

„Da sie aber das hörten, gingen sie hinaus, einer nach dem andern, von den Ältesten an; und Jesus ward allein gelassen und die Frau in der Mitte stehend" (8,9).

Immer wieder werde ich als neutraler Szenenbeobachter von diesem plötzlichen Sinneswandel beeindruckt. Ohne besondere Aufforderung sind die Umherstehenden wortlos zur Umkehr bereit und lassen Jesus mit der Ehebrecherin allein.

Er wendet sich ihr zu und spricht sie an:

„Weib, wo sind sie, deine Verkläger? Hat dich niemand verdammt? Sie aber sprach: Herr niemand. Jesus aber sprach: So verdamme ich dich auch nicht; gehe hin und sündige hinfort nicht mehr" (8,10f).

In mir, dem Beobachter, kommt Erleichterung auf. Das Risiko eines das Gottesgebot ignorierenden Lebens wurde mir deutlich bewußt gemacht. Ich erkenne mich doch weitgehend in den Teilnehmern dieser Szene wieder. Was ich jetzt brauche, kann ein Gemeinde-Confiteor im herkömmlichen Gottesdienst meist nicht bewirken:

Nach Hause gehen,
Nachdenken,
jeder für sich,
Stille,
Aufatmen.

Auf keinen Fall große Akklamationen, große Musik. Zunächst mit sich selber klar kommen. Irgendwann wieder zurück in die Gemeinschaft. Dort dann der Austausch mit anderen Menschen.

Gleichzeitig aber beginne ich, daran zu zweifeln, daß mein Gewissen dann entlastet wird, wenn ich mich in die Gruppe der Ankläger und Gesetzeshüter einreihe. Hier würde ich erst recht die Erfahrung machen, daß die Orientierung meines Lebens nicht in der mehr oder weniger zwanghaften Einhaltung einer Menge von Einzelvorschriften bestehen kann. Die Erkenntnis, was gut oder schlecht, ehrenhaft oder unehrenhaft ist, bringt mir jetzt keine Erleichterung. Jesus sagt es zu den Schriftgelehrten:

„Ihr richtet nach dem Fleisch, ich richte niemand“ (8,15).

Ich glaube, daß der Freispruch in der Frau einiges bewirkt hat, und daß sie auf dem Nachhauseweg Klarheit darüber gewann, wer ihr das Leben gerettet hat. Vielleicht spürt sie jetzt auch den ihr von Jesu Erbarmen geschaffenen Freiraum, der ihre Absicht beflügelt, anders zu leben als bisher. Und dasselbe Erbarmen trifft die

Umkehrenden und mich, den Beobachter. Wir alle wünschen uns einen solchen Freiraum, in dem ein Wort Jesu hilft, unsere Mitmenschen richtig einzuschätzen, und wo sein unergründliches Erbarmen uns die Entscheidung für ein Umdenken erleichtert.

Das Bekenntnis unserer menschlichen Fehleinschätzungen geht der Feier der Messen und Gottesdienste als „Confiteor" voraus. In der Praxis führt es zum „Kyrie" hin, dessen musikalische Ausgestaltung mir als dem Kirchenmusiker besonders am Herzen liegt. Nach langjähriger und vielfältiger Praxis in den unterschiedlichsten Gottesdienstformen ist mir bis heute eigentlich nicht so recht klar, wie es von der Einzelperson her zu diesem gemeinsamen Sündenbekenntnis kommt, weil Fehler nur von mir, d. h. weil die Zusage der Vergebung meiner Fehler als Entlastung meines Gewissens nur mich persönlich betreffen kann. Ein Confiteor als Gemeinschaftsbekenntnis oder Gemeinschaftsbeichte bzw. die darauffolgende Absolution vor dem unmittelbar danach einsetzenden Kyrie einer Messekomposition weckt in mir oft den Eindruck eines opus operatum, das die Raum und Zeit umfassende musikalische Kyrie-Akklamation sehr stark einengt.

Die Kyrie eleyson-Anrufungen sind in den vielfältigen Meß-Vertonungen von herausragender Bedeutung. Als Musik verkörpern sie sowohl das demütige Flehen um Hilfe und Erbarmen der Menschen, als auch die distanzierte unantastbare Majestät Gottes. Rhythmisch akzentuierte Kyrie-Motive mit ihren Umwandlungen und Variationen erlebt der Hörer in erster Linie nicht als ästhetisch-feierliches Kompositionsgeschehen, sondern sehr oft als den immer wiederkehrenden Kontrast klingender dramatischer Augenblicke, die ihn aus der ihm vertrauten Kontinuität in eine neue Wirklichkeit versetzen.

Der innerliche Mitvollzug dieses musikalischen Geschehens erfordert von ihm rasches, spontanes Handeln, ermöglicht ihm jedoch, sich mit der veränderten Situation zu identifizieren. Er spürt im musikalischen Ablauf die Chance, sich anders zu orientieren und schließt sich mit den anderen Hörern zu einer Gemeinschaft zusammen, die jetzt bereit ist, am Gottesdienst mit ganz neuen persönlichen Erwartungen teilzunehmen.

Daß der Musik heute eine tragende Rolle in der Liturgie zukommt, wird immer wieder von den Kommissionen, Synoden und den damit befaßten und zuständigen Fachleuten bestätigt. Ihre sprachbezogene, aber eigenständige Aussagekraft hat sie jedoch noch nicht zu einer gleichberechtigten Partnerin bei der Planung von Messen und Gottesdiensten gemacht. Die ihr auferlegte gottesdienstliche Funktion, ausschließlich Dienerin des Wortes zu sein, veranlaßte sie denn auch zum Auszug aus der Kirche und zum Einzug in den Konzertsaal. Dabei ist ihre Zielsetzung, wie man deutlich an der Geschichte der Messen-Komposition sehen kann, die gleiche wie in den zahlreichen Sprachabläufen in den Mess- und Gottesdienstformen: die Darstellung und Wiedererkennung des Menschen zwischen seiner Hilflosigkeit und Gottes Allmacht, aber auch zugleich als verantwortlicher Haushalter mit seinen unterschiedlichen Gaben und Fähigkeiten in Gottes Schöpfungs- und Heilsplan.

Gottseidank steht man einer Messe-Aufführung im Konzertsaal statt in der Kirche nicht mehr so skeptisch gegenüber wie in früheren Zeiten. Auch sehen wir die Grenzen zwischen Kunstmusik und der gottesdienstlichen Liturgie nicht mehr so eng wie noch vor fünfzig Jahren. Beide gehen jetzt offen aufeinander zu, wie ich es als Kirchenmusiker der Münchner Bischofskirche St. Matthäus in langjähriger Praxis erfahren durfte.

Zu dieser Praxis nun ein paar Bemerkungen. Ich treffe mich in der Regel vor dem Konzert oder Gottesdienst mit dem Chor, den Solisten und dem Orchester zu einer Einspielprobe. Die Satzanfänge werden noch einmal kurz angedeutet und Anschlüsse wiederholt. Die Mitwirkenden brauchen ein kurzes aufmunterndes Wort, vielleicht auch einen letzten Hinweis auf die Beziehung von Musik und Text. Und selbstverständlich muß auch ich mich innerlich auf den Konzert- oder Gottesdienstbeginn einstellen. Gerade bei der Eröffnung der beiden großen Messen von Bach und Beethoven kann ich mich viel besser auf den ersten Kyrie-Einsatz konzentrieren, wenn kein Moderator Gruß- oder sonstige verfaßten, sich immer wiederholenden Sündenbekenntnis-Texte zum ersten Kyrie-Ruf hinführen solle.

Und das Konzertpublikum? Hört es bisweilen ohne liturgischen Rahmen nicht noch viel intensiver und direkter auf das Zusammenwirken von Sprache und Musik? Nach einem vielleicht anstrengenden Berufsalltag kommt für den Konzertbesucher jetzt der unvermittelte Augenblick des massiv hereindringenden Kyrie-Rufes bei Beethoven oder des hilfesuchenden Aufschreis bei Bach. Er spürt auch im Konzert, welchen Richtungshinweisen er in den nächsten zwei Stunden folgen muß, um auf das Eigentliche der Messe-Komposition, die ihn betreffende Hauptsache zu stoßen.

Und er wird wieder einmal davon fasziniert sein, auf welche bewundernswerte Weise die Musik in der Bach'schen oder Beethoven'schen Komposition die Sprache des Messordinariums ergriffen hat und wie sie im Erklingen den Hörern wie auch den Mitwirkenden eine neue Art von Menschwerdung offenbart.

IV

Der Engel der Zeit

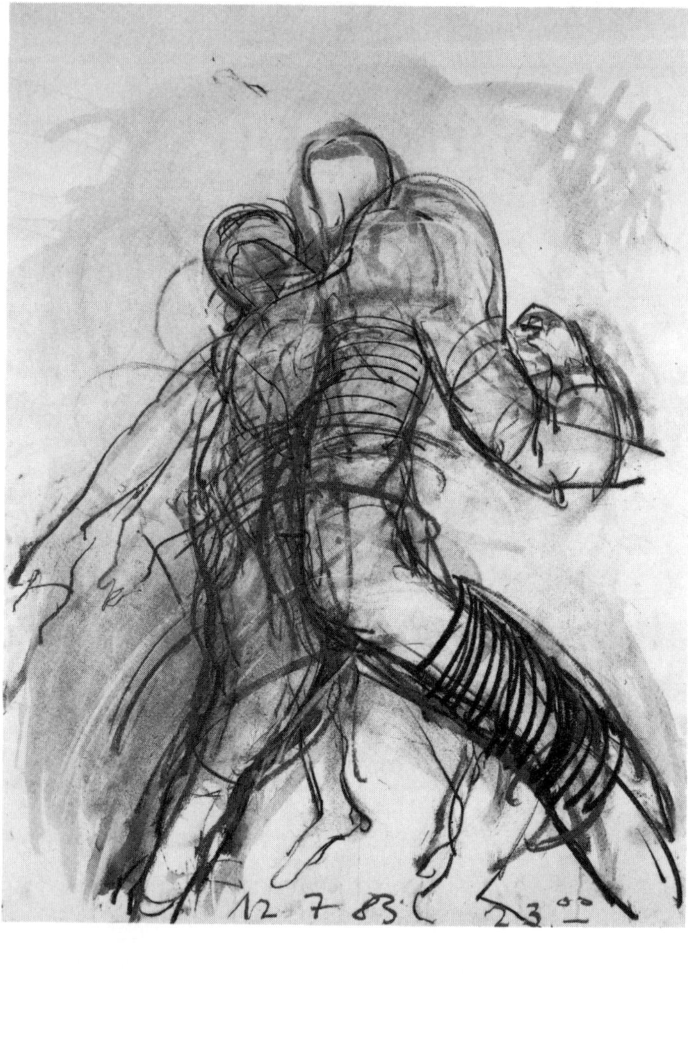

Herbert Falken: Jakob ringt mit dem Engel, Graphit, Tusche, Pastell 12.7.1983 (23 Uhr) – 13.7.1983 (1 Uhr).

Neujahrs-Gesang

Joachim-Ernst Berendt

Nun laßt uns gehn und treten
Mit Singen und mit Beten
Zum Herrn, der unserm Leben
Bis hierher Kraft gegeben.

Wir gehn dahin und wandern
Von einem Jahr zum andern,
Wir leben und gedeihen
Vom alten bis zum neuen;

Durch soviel Angst und Plagen
Durch Zittern und durch Zagen,
Durch Krieg und große Schrecken,
Die alle Welt bedecken.

Denn wie von treuen Müttern
In schweren Ungewittern
Die Kindlein hier auf Erden
Mit Fleiß bewahret werden:

Also auch und nicht minder
Läßt Gott ihm seine Kinder,
Wenn Not und Trübsal blitzen,
In seinem Schoße sitzen.

Ach, Hüter unsres Lebens,
Führwahr, es ist vergebens,
Mit unserm Tun und Machen,
Wo nicht dein Augen wachen.

Gelobt sei deine Treue,
Die alle Morgen neue,
Lob sei den starken Händen,
Die alles Herzleid wenden.

Laß ferner dich erbitten,
O Vater, und bleib mitten
In unserm Kreuz und Leiden
Ein Brunnen unsrer Freuden.

Gib mir und allen denen,
Die sich von Herzen sehnen
Nach dir und deiner Hulde,
Ein Herz, das sich gedulde.

Schleuß zu die Jammerpforten
Und laß an allen Orten
Auf so viel Blutvergießen
Die Freudenströme fließen.

Sprich deinen milden Segen
Zu allen unsern Wegen,
Laß Großen und auch Kleinen
Die Gnadensonne scheinen.

Sei der Verlaßnen Vater,
Der Irrenden Berater,
Der Unversorgten Gabe,
Der Armen Gut und Habe.

Hilf gnädig allen Kranken,
Gib fröhliche Gedanken
Den hochbetrübten Seelen,
Die sich mit Schwermut quälen.

Und endlich, was das meiste,
Füll uns mit deinem Geiste,
Der uns hier herrlich ziere
Und dort zum Himmel führe.

Das alles wollst du geben,
O meines Lebens Leben,
Mir und der Christen Schare
Zum selgen Neuen Jahre.

Paul Gerhardt

Als Kind hörte ich meinen Vater Paul Gerhardt's „Neujahrsgedicht" auf der Kanzel seiner Kirche in Berlin sprechen. Später schrieb er es uns aus dem Konzentrationslager Dachau, wenige Monate vor seinem Tode – und das entspricht sich ja: Einen Text, der so voller Vertrauen und Glauben ist, in der Notzeit des 30-jährigen Krieges dichten und ihn – 300 Jahre später – aus der Qual eines Nazi-KZ's schreiben. Jede Zeile konnte er auswendig. Wie ich auch. In Rußland, im Feuerhagel des Ringes um Leningrad, sprach ich ihn als Gebet.

Ein paar Jahre später, nachdem wir den Südwestfunk gegründet hatten, ließ ich ihn alljährlich in der Neujahrsnacht – nach dem das Neue Jahr einläutenden Glockengesang des Freiburger Münsters – sprechen. Ich „berlinerte" damals noch zu sehr, als daß ich es hätte wagen können, ihn selber zu sprechen – später tat ich das. Nur sagte ich nie „… der Christen Schare". Ich erlaubte mir – Paul Gerhardt „verbessernd" – zu sagen: „… der Menschen Schare". Vielleicht habe ich eine Tradition begründet, denn obwohl ich nun schon lange nicht mehr beim Südwestfunk bin, wird dort das Paul-Gerhardt-Gedicht noch immer in der Neujahrsnacht gesprochen.

Dieser Text hat mein Leben begleitet wie wenige andere: einige Worte von Christus, das Hohe Lied der Liebe aus dem Korintherbrief, einige Psalmen, Goethes „An den Mond", Strophen von Rilke aus den „Sonetten an Orpheus" und den „Duineser Elegien" ... So viel Wunderbares später hinzukam, nur noch die Sutren Buddhas hatten ähnlichen Rang.

Jedes Wort dieses Textes spricht für sich. Interpretation ist nicht nötig. Nur vielleicht noch der Hinweis: Dieses Gedicht – Lied – Gebet – hat ein Ziel: die 14. Strophe: „Und endlich, was das meiste, füll uns mit Deinem Geiste ..."

Darauf läuft es hinaus. Und das gilt nicht nur für Silvester und den Jahresanfang. Sondern für das ganze Jahr und Leben.

Gelassen stieg die Nacht ans Land

Heinz Friedrich

Um Mitternacht

Gelassen stieg die Nacht ans Land,
Lehnt träumend an der Berge Wand,
Ihr Auge sieht die goldne Waage nun
Der Zeit in gleichen Schalen stille ruhn;
Und kecker rauschen die Quellen hervor,
Sie singen der Mutter, der Nacht, ins Ohr

Vom Tage,
Vom heute gewesenen Tage.

Das uralt alte Schlummerlied,
Sie achtets nicht, sie ist es müd:
Ihr klingt des Himmels Bläue süßer noch,
Der flüchtgen Stunden gleichgeschwungnes Joch.
Doch immer behalten die Quellen das Wort,
Es singen die Wasser im Schlafe noch fort

Vom Tage,
Vom heute gewesenen Tage.

Eduard Mörike

Texte, die tragen, sind keine musealen Texte, in Vitrinen bestaunt. Sie gehen uns etwas an, indem sie zu uns sprechen.

Der passionierte Dialog-Partner von Texten, Leser genannt (er liest Texte auf und sammelt sie zum Erfahrungs-Schatz), verfügt selten über einen herausragenden Lieblingstext. Seine Neugier ist weltoffen und universal. Was ihm bedeutsam erscheint, das liebt er auch. Er baut ein geistig-erotisches Verhältnis zu ihm auf. Erst die Summe solcher „Lieblings"-Texte erschafft den imaginären und solitären Haupttext, der ein Leser-Leben begleitet.

Natürlich gibt es Texte, die auch einem Universal-Leser sofort einfallen, wenn er nach bevorzugten oder sagen wir: auf Anhieb sich vordrängenden Lese-Erinnerungen gefragt wird.

Vollendung ist nie, sagt Gottfried Benn. Dennoch: Es gibt sie. Zum Beispiel in der Lyrik. Mörike, Goethe, Eichendorff und Hölderlin schrieben einige Gedichte, denen weder ein Wort hinzugefügt noch eines weggenommen werden kann. Sie sind komplex in der spannungsvollen Ausgewogenheit von Empfindung, Stimmung und Nachdenklichkeit. Sie markieren gleichermaßen höchste und tiefste Augenblicke menschlichen Daseins – Augenblicke, in denen dieses zwischen Himmel und Hölle hin und her gerissene Wesen Mensch zu einer schöpfungsnahen Reife und damit Rechtfertigung seiner Existenz gelangt.

Ein solches Dokument reiner, weil gott- und somit schöpfungsnaher Empfindung sind Mörikes Verse „Um Mitternacht".

„Gelassen stieg die Nacht ans Land" – ruhig-großartiger und zugleich ergreifender kann der Einbruch der Dämmerung in den Tag kaum beschrieben werden, und verzaubernder auch kaum jene Übergangsstunde zwischen Tag und Nacht, in der die Konturen verschwimmen und die Seele sich freier fühlt: „... lehnt träumend an der Berge Wand."

Hinreißend die lyrische Musikalität Mörikes, die nicht in dieser ergreifenden Seelenlage verharrt, sondern mit freundlichen Trillern die Quellen beschwört, die nun kecker in die sich ausbreitende Stille hervorquellen und „das Wort behalten", – indes, welch ein wunderbares Bild: die Waage der Zeit in „gleichen Schalen stille" ruht. Die „Mutter" Nacht, aus der alles hervorgeht und in die alles in der flüchtigen Stunden gleichgeschwungenem Joch zurückkehrt, atmet in den weiten Zügen der Äonen, in deren Ewigkeitsrhythmus die Quellen den Pulsschlag des Tages einbringen.

Und schließlich dieser Nachhall „... vom Tage, vom heute gewesenen Tage", mit dem mich dieses anrührende Gedicht in die Nachdenklichkeit entläßt. Kein Schlußakkord, sondern eine Aufforderung, dem, was gesagt wurde, Antwort zu geben durch eigene Empfindung.

Dieses Vollenden durch Offenlassen verrät Meisterschaft, die sich (so zeichnet sich das Genie aus) nicht erst durch ausgeklügelte Artistik empfehlen muß, sondern die sich auf die Einfachheit (weil Sicherheit), ja Schlichtheit ihrer Aussage verlassen kann.

Mörikes Gedicht ist ein sehr einfaches, schlichtes Gedicht, und dennoch ist es überreich an Gefühlen und Gedanken. Indem es mit diesen Gefühlen nicht prunkt und protzt, gewinnt es die Vollkommenheit, durch die es auch in einer sehr unlyrischen, Natur-Eindrücken tieferer Art sich mehr und mehr verschließenden Zeit „trägt" und über sie hinausträgt.

Mörikes Verszeilen erinnern mich daran, in welche Erlebnis-Dimensionen ich jenseits materieller Reizbefriedigungen eintreten kann, wenn ich bereit bin, auf meine Empfindungen zu hören und diese durch Nachdenklichkeit zu veredeln. Deshalb ist dieses Gedicht für mich auch mehr als ein Gedicht. Es ist eine Botschaft, und zwar eine immerwährende. Sie besagt, daß ich, eingewoben in das Schöpfungsgeheimnis, nur dann mit mir selbst ins reine zu kommen vermag, wenn ich bereit bin, mich diesem Geheimnis ohne Herrschaftsanspruch über dasselbe anzuvertrauen. Dann wird mir das Glück zuteil, von dem dieses Gedicht ohne Aufhebens mit der Selbstverständlichkeit, die alles Große auszeichnet, spricht.

Ein Lichtkreuz über dem Wasser

Marie-Elisabeth Lüdde

Das Meer

Am Strand harren sie aus, streichholzklein,
Treiben
In Gedanken hinaus ins rotgeränderte
Auge.
Es ist der Horizont
Die Zündschnur
Die ihre Köpfe in Brand setzt.
Sand rinnt
Durch ihre Körper. Sie warten

Gelassen
Am Fuße des Lichtkreuzes über dem Wasser. Sind es
Piraten? Sind es Gerechte?
Keine Regel kennt der streunende
Wind,
Der kommt,
Der geht.
Sie sind jung, und sie sind alt, und
Sie haben das Meer erreicht!

Horst Samson

Als ich das Gedicht das erste Mal hörte – es war bei einer Lesung in einer Stadt am Meer –, faszinierte es mich sofort. Noch Monate später konnte ich Verse daraus erinnern.

Das Gedicht hat einen lapidaren Anfang. Er trennt jäh die, die eine Beziehung zum Meer haben, von jenen, denen das Meer Angst macht. Wer schon einmal am Meer war, wird die Erschütterung dieses Textes nachempfinden können. „Streichholzklein" erlebe ich mich angesichts der Größe des Meeres, des Himmels. In dieser Erschütterung meldet sich zweierlei zu Wort: Schrecken und Anziehung – und vor meinem inneren Auge erscheint C. D. Friedrichs berühmtes Bild „Mönch am Meer".

Schrecken und Anziehung – Entsetzen, verloren zu gehen angesichts des überwältigenden Meeres, und Trost, geborgen zu sein in der Natur, deren Teil ich bin. Beides steckt im Bild vom Meer und seinen künstlerischen Expressionen. So erweist sich das Meer als mythischer Ort. Thalassa! Das Meer! In jenem klassischen, griechischen Ausruf schwingt diese Erfahrung mit.

Und so heißt auch das Gedicht. Das Meer ist ein mythischer Ort, an dem meine Endlichkeit fühlbar wird. Das Meer war schon da, bevor es mich gab, und wird unermüdlich brausen, wenn von mir jede Spur verweht ist. Es gibt etwas, das bleibt. Aber ebenso hebt es mich hinein in die stete Bewegung des Wassers. Die Ruhe ist in der Bewegung.

Aus dem Meer kam das Leben – entwicklungsgeschichtlich und biographisch. In mir steckt ein Fisch, ein Meerestier, das in grauer Vorzeit das Wasser verließ. Und ebenso werde ich meines vorgeburtlichen Lebens im Leib meiner Mutter inne, eine Erinnerung an das Paradies, das zu verlassen notwendig war.

Das Meer ist ein mythischer Ort. Denn es verschränkt die Außen- mit der Innenerfahrung, verschmilzt Subjekt und Objekt. So ist das Meer wie jeder Mythos der dritte Ort, an dem ich meine Seele im Außen wahrnehme und dies an der zum poetischen Bild verdichteten Erfahrung des Lyrikers Horst Samson messen kann.

Der Mensch kennt den Schrecken der Leere. Das Meer aber leistet sich die Kühnheit, leere Räume zu lassen, darin ich mich als klein erfahre. In Gedanken hinaustreibend „ins rotgeränderte Auge" verschränkt sich das Bild der Sonne (untergehend, also rot, wie ich mir vorstelle) mit meinem Auge (das geweint hat, also rot ist, wie ich mir vorstelle). Die Außenansicht – das Gesehene – verschmilzt mit der Innensicht – dem Sehen. Eben dies, und dazu noch das Verständlichen solcher Art Erfahrung, vermag poetische Sprache.

Unser Text ist ein Gedicht vom Warten, von der Gelassenheit, vom Ausharren, von der Geduld. Es ist ein Gedicht von der Zeit. In meinem Kopf entstehen die Körper als Sanduhren, durch die mählich die Zeit rinnt, gleichmütig.

Und doch gibt es eine Gegenbewegung: der Horizont als eine Zündschnur, die die Köpfe in Brand setzt. In der untergehenden Sonne erscheint der Horizont einen Moment lang als ein glühender Faden, der die Gedanken, die Phantasie, explodieren läßt. Der Augenblick des Sonnenunterganges, der den Horizont entzündet, erschafft auch die vertikale Lichtlinie und macht so aus horizontaler und vertikaler Perspektive ein Lichtkreuz über dem Wasser.

In der europäischen Literatur assoziiert das Kreuz eine Leidensgeschichte, eine Passion, die hier aber nicht passiv ist. Das verhindert die explosive Horizontlinie, die für die mögliche Veränderung steht und sich mit der Vertikalen zur Transzendenz verbindet, aufgehoben in Licht, erlitten, wirksam und doch durchgestanden.

Es ist ein Gedicht vom Ankommen. Alle Ordnung ist – nein, nicht über den Haufen geworfen – doch an ihr Ende gekommen. Von daher rührt der anarchistische Zug in diesem Text, der untergründig gegen den Gleichmut streitet. „Keine Regel kennt der streunende Wind, der kommt, der geht."

Ein Gedicht vom Ankommen – und ein weiter Weg scheint zurückgelegt. Im Erreichen wird bedeutungslos, ob die Ankommenden Piraten oder Gerechte, Seeräuber oder Unschuldige sind. Und ich setze fort: Es ist gleich, ob es sich um Alte oder Junge, Frauen oder Männer handelt. Sie waren Räuber und sind jetzt Gerechte, sie waren jung und sind jetzt alt – oder umgekehrt, oder alles zugleich. Angesichts des Meeres schlägt die Zeit um in Ewigkeit als einer anderen Qualität von Leben.

Das Bild vom Ankommen am Meer ist eine Utopie, die für mich ohne den bitteren Beigeschmack der Resignation ist. Es ist unerheblich, wie versehrt die waren, die sich auf den langen oder kurzen Weg machten. Ihre Versehrtheit, ihr Mangel, ihre Defizite, ihre Deformationen und ihre Wunden sind im Ankommen – nicht vergessen, sondern – aufgehoben.

Diese Utopie erzählt vom Frieden, der nicht der Tod ist, erzählt von der Ruhe, die nicht Leblosigkeit ist. Es gibt ein Ankommen am Abend, nach Gefahren und Erfahrungen. Darin verschmelzen Sehnsucht und Gelassenheit, Schweigen und der Donner der Brandung.

Das Meer ist das Bild einer Utopie, deren Rand nur erreichbar ist. Des Zentrums kann ich mich nicht bemächtigen, ich ginge sonst unter. Das Meer erreichen heißt nicht, es in Besitz nehmen zu können, denn es ist nicht verfügbar.

„Sie sind jung, und sie sind alt, und
Sie haben das Meer erreicht!“

Man beachte die beiden „und" in den letzten zwei Versen, wie sie – retardierend – diese ungeheure Schubkraft entfalten, so, als seien sie zwei mächtige Wogen, mit denen das Gedicht ausebbt. Dies ist ein großartiger Schluß, der mit seiner Bewegung nachzeichnet, was er beschreibt.

Zu denen, die an dieses Meer gelangen, das allen konkreten Meeren zugrundeliegt und es zugleich übersteigt, möchte auch ich gehören.

Das Gedicht „Das Meer" ist bislang ungedruckt. Sein Verfasser ist ein rumänien-deutscher Schriftsteller, der seit wenigen Jahren in Deutschland lebt. Seine prägenden Erfahrungen hat er unter der Ceaucescu-Diktatur gemacht; er teilt sie mit manchen anderen aus seinem geschundenen Land. Als Ostdeutsche ahne ich von ferne, was das bedeuten könnte. Horst Samson ist ein Dichter, dessen Texte in unserem satten Land offenbar nicht gebraucht werden. Es ist mir eine Ehre, dieses Gedicht hier erstmalig vorzustellen. Es zeugt vom hohen Stand der rumänien-deutschen Dichtung, die gültige Bilder für die schreckliche und die schrecklich gefährdete Existenz des Menschen findet ebenso wie Gleichnisse für die Utopie, der unsere Suche gilt.

An Chronos

Dagmar Nick

An Chronos

Zwischen dem Staube der Schlacht, den die Wiesen schon eher getrunken,
Und dem scharfen Gewölk, das sie noch heute verletzt,
Zwischen den Häuptern, die längst auf die blutigen Schilde gesunken,
Und dem Sinken der Fahnen von einst und jetzt,

Wieviel unzählbare Zeit, wieviele Stunden, in Schauer
Rieselnder Asche getaucht oder regenverweint,
Wieviele Tage vertan, wieviele Jahre der Trauer,
Wieviel Schatten verweht, unseren Schatten vereint!

War nicht, was war, wie für immer? Und geht nun die Klage
Nicht um Künftiges fast? Waren die Tage nicht wie
Ganze Leben, waren die Nachmittage
Nicht wie Leben im Leben und endlos wie sie?

Und vergingen doch fast wie im Traume? War denn nicht immer
Wieder zu Ende, was kaum erst begann?
Um das Vergangene hörst du noch den Wind durch die Zimmer
Weinen, doch schattenhaft drängt neuer Abschied heran.

Hat dir nicht auch, was erst kommen soll,
Längst schon zum Abschied gewunken,
Welkt nicht dein Kranz, auf die noch lebende Schläfe gesetzt,
Haupt zwischen allen den Häuptern, die schon auf die Schilde gesunken,
Zwischen dem Sinken der Fahnen von einst und jetzt!

Alexander Lernet-Holenia

Ich weiß nicht, ob es richtig ist zu sagen, daß diese Verse mich tragen. Aber sie haben mich und mein Leben, seit ich ihnen zum ersten Mal begegnete, begleitet und meine Gedanken nun beinahe fünf Jahrzehnte lang bewegt und ergänzt. Ich bin mit den Gedichten von Lernet-Holenia aufgewachsen. Ihre Musikalität, ihr Rhythmus, ihr großer archaischer Atem haben mich geprägt wie nichts sonst, stets haben sie mich erregt und zugleich beruhigt. Und weil sie ausdrücken, was ich selber nie fähig wäre zu sagen, bleiben sie meine Begleiter, meine Tröster. Doch warum gerade „An Chronos"?

Als nach Kriegsende dieses Gedicht in der schlanken Handschrift Lernet-Holenias meinen Vater erreichte, war es noch nicht im Druck erschienen und trug noch die Überschrift „An die Zeit". Lernet-Holenia hatte es 1944 geschrieben, und wer ihn kannte, wußte, daß hier nicht der längst verlorene Krieg beklagt wurde – in Bildern, die es schon nicht mehr gab, nicht die blutigen Schilde von einst und die sinkenden Fahnen, sondern die Zeit, die vertane, verlorene Zeit, die zwischen allen Kriegen liegt, der ungenutzte Friede.

Daß diese Verse so bedeutsam für mich wurden, hängt wahrscheinlich mit der Situation zusammen, in der sie mich trafen. Der Krieg war vorbei, aber der

Friede hatte eigentlich noch nicht begonnen. Die Vergangenheit, in Asche getaucht, die Schatten der Toten unseren Schatten, den vergehenden, fast spürbar nah: Auf einmal, beim Lesen, wurde mir die Zeit in ihrer Unfaßbarkeit bewußt, das Unbegreifliche, das sich aus Erinnerungen und Zukunftsängsten oder Zukunftshoffnungen zusammensetzt. Zeit als Gegenwart? Kaum. Immer ist es ja eine gewisse Zeitspanne des Vergangenen, die uns beschäftigt, und eine ungewisse Vorstellung des Künftigen.

Verlust, Vergänglichkeit und Trauer – in diesen Versen, die das Thema „Zeit" in einer einzigen kanonischen Steigerung aufzeigen, war alles das für mich zu finden, auch die Ambivalenz der Zeit, die heiteren Tage meiner Kindheit, die wie im Traum verflogen, und die verwarteten Stunden, die kein Ende nehmen wollten.

Das Wort Abschied, dem man bei Lernet-Holenia so häufig begegnet, erhielt ein neues Gewicht: Wir hatten zu wenig Abschied genommen von dem, was wir für immer bestehend glaubten, wir sollten mit Abschieden umgehen lernen, sie erkennen in dem, was erst kommen soll.

Wir sollten lernen, die Zeit anders, bewußter zu nutzen.

Trostlied am Abend

Ulrich Wilckens

Dein Wort ist meines Herzens Freude und Trost (Jeremia 15,16).

In jeder Nacht, die mich bedroht,
Ist immer noch dein Stern erschienen.
Und fordert es, Herr, dein Gebot,
So naht dein Engel, mir zu dienen.
In welchen Nöten ich mich fand,
Du hast dein starkes Wort gesandt.

Hat banger Zweifel mich gequält,
Hast du die Wahrheit nie entzogen.
Dein großes Herz hat nicht gezählt,
Wie oft ich mich und dich betrogen.
Du wußtest ja, was mir gebricht.
Dein Wort bestand: Es werde Licht!

Hat schwere Sorge mich bedrängt,
Ward deine Treue mir verheißen.
Den Strauchelnden hast du gelenkt
Und wirst ihn stets vom Abgrund reißen.
Wann immer ich den Weg nicht sah:
Dein Wort wies ihn. Das Ziel war nah.

Hat meine Sünde mich verklagt,
Hast du den Freispruch schon verkündet.
Wo hat ein Richter je gesagt,
Er sei dem Schuldigen verbündet?

Was ich auch über mich gebracht,
Dein Wort hat stets mein Heil bedacht.

In jeder Nacht, die mich umfängt,
Darf ich in deine Arme fallen,
Und du, der nichts als Liebe denkt,
Wachst über mir, wachst über allen.
Du birgst mich in der Finsternis.
Dein Wort bleibt noch im Tod gewiß.

Jochen Klepper

Seit dem Frühjahr 1945 begleitet mich dieses Lied als Gebet vor dem Einschlafen. Immer wieder habe ich seither Erfahrungen eines Tages, großartige, außerordentliche wie auch solche, die Tag für Tag gleichartig wiederkehren, mit den Worten dieses Liedes Gott zurückgeben können. Darum ist mir dieses Lied lieb und vertraut geworden.

„In jeder Nacht, die mich bedroht" -: Im Dunkel der Nacht erwachen die Nacht-Seiten meines Lebens und bedrängen meine Seele. In der Stille der Nacht erheben Ängste ihre unheimlichen Stimmen, die ich im lauten Getöse des Tages nur zu gerne überhöre. In Wahrheit bin ich nicht der andauernde Sieger, als welcher ich oft auftrete, einer, der alles kann und der gegen alle Machenschaften gefeit ist. In Wahrheit bin ich von mancherlei Gefahren bedroht, die mir nicht nur von außen, durch andere Menschen, sondern auch von innen, durch mich selbst erwachsen und das Bestehen meines Lebens zu vereiteln drohen. Doch sieh, meine Seele: Gott läßt dir seinen Stern aufgehen: Sein Name ist „Immanuel" – „Ich, dein Gott, bin mit dir".

Gott weiß, wann und wo wir einen Helfer, dicht uns zur Seite, nötig haben, weil wir, auf uns allein gestellt, unfähig oder ohnmächtig zur Selbsthilfe sind. Wenn es Zeit ist, schickt er ihn zu uns: seinen Engel. Keine Not kann es geben, in der ich hilflos alleinbleiben müßte. Gott hat überall ein Wort für mich – ein Wort, dem die allmächtige Kraft seiner Liebe innewohnt: „Dein Wort ist meines Herzens Freude und Trost" – dieses Vertrauensgebet des Propheten Jeremia (15,16) ist die Überschrift, die Jochen Klepper seinem Vertrauenslied vorangestellt hat.

Alle die vielen kleinen *Schleichwege*, die ich mir suche, um die Wahrheit zu umgehen; so mancherlei Praktiken, nicht nur andere zu täuschen, sondern auch mir selbst einzureden, es sei wahr; die vielen Lügen, die sich in meiner Erinnerung verfestigt haben – vor Gott sind sie alle offenbar. Aber, o Wunder: Er rechnet sie mir nicht vor, so daß sie mir zum Strick würden, der mein Leben erstickt! Im Licht der Wahrheit Gottes erscheinen wir so, wie Gottes Licht uns sieht: als arme Menschen, die nicht an ihrer Angst um sich selbst, der Mütter aller Lügengewebe, zugrunde gehen sollen. Einen neuen Anfang sollen wir bekommen, immer wieder. „Neue Schöpfung" nennt der Apostel die, die aus dem Wunder der Taufe leben dürfen (2 Korinther 5,17).

Auch die schweren, drückenden *Sorgen* im Blick auf all das, was nun nicht mehr zu ändern ist in meinem Leben, was zur „unbewältigten Vergangenheit" geworden ist; und der *Schwindel*, der mich deswegen ankommt und mich in Abgründe der Verzweiflung zu stürzen droht – Gott darf ich sie anvertrauen. Er läßt mich nicht umkommen. Ausweglos muß keines Menschen Leben sein. Im Johannesevangelium sagt Jesus: „Ich bin der Weg, die Wahrheit und das Leben" (14,6). Das darf ich glauben.

Auch meine *Schuld* kann mich nicht trennen von

Gottes Sohn, der für mich gestorben ist. Das eigentlich Schlimme an der Schuld: daß ich mich von Gott losgesagt habe, der doch meines Lebens Leben ist – es wird von Gott getilgt! Gott handelt gegen alle Schuld: Wo Er uns, wie ein Richter den Angeklagten, schuldig sprechen müßte, da spricht Er uns von der Schuld frei. Das ist für Klepper das größte aller Wunder. Immer wieder gibt er in seinen Liedern dem tiefen Erstaunen darüber Raum: daß Gott schuldigen Menschen vergibt. Das begreift nur, wer im Glauben zu erkennen gelernt hat, daß es nichts gibt, was das Leben eines Menschen so sehr zu zersetzen und so tief zu zerstören vermag wie seine Sünde. Aber daß Gottes Vergebung ein so von mir selbst zerstörtes Leben von Grund auf heilen und erneuern kann; und wie selig das Herz eines Menschen werden kann, dem Gottes Vergebung persönlich zugesprochen worden ist – das weiß auch nur ein glaubender Christ, der es in der Beichte konkret erfahren hat. So getröstet, so vom Abgrund gerettet, so frei geworden von der Last der Schuld, darf ich nun auch in das Dunkel der Nacht gehen.

Als ich selbst wochenlang an dieser Grenze war, ist mir der Schlußvers dieses wunderbaren Liedes Abend für Abend zu einem Gebet geworden, mit dem ich bereit war und bereit bleibe, auch in das Ende meines Lebens hineinzugehen: weil auch da, mitten im Dunkel des Todes, der lebendige Gott bei mir ist und mich bei sich birgt.

Ich bin gewiß, daß weder Tod noch Leben,
weder Engel noch Mächte noch Gewalten,
weder Gegenwärtiges noch Zukünftiges,
weder Hohes noch Tiefes noch eine andere Kreatur
uns scheiden kann von der Liebe Gottes,
die in Christus Jesus ist, unserem Herrn.

Römerbrief 8,38f

V

Mitten wir im Leben sind

Herbert Falken, Die Sonne geht auf, Jakob hinkt;
Tusche, Öl 14.7.1983 (ohne Uhrzeitangabe).

Ein notwendiges Stück Heidentum

Carl Amery

Felix qui potuit rerum cognoscere causas
atque metus omnes
et inexorabile fatum
subiecit pedibus
strepitumque acherontis avari

Selig, wer es vermocht, die Gründe der Dinge zu kennen,
Der alle Ängste der Welt
Und das unerbittliche Schicksal
Unter die Füße sich warf –
Und das Tosen des gierigen Todes.

Vergil

Das hat, wie so oft, Vergil in Stein gehauen – in römische Quadrata. Man scheut sich, das zu übersetzen: Lichtjahre ist es vom Geschnatter unserer spätindo-europäischen Dialekte entfernt – aber fürs Verstehen sei's versucht, in dem Holpergalopp, den deutsche Hexameter (außer bei Hölderlin) zumeist haben.

Das ist, natürlich, ein heidnischer Text. Gefunden habe ich ihn im Tagebuch des amerikanischen Dichters und Karthäusermönchs Thomas Merton. Er hat ihn als Student in England gelernt und in sein Kloster in Kentucky mitgenommen. Merton, der uns zu früh gestorben ist, war hellsichtig und unerschrocken. Gerade als Karthäuser hat er diese drei hellsichtigen und unerschrockenen Zeilen verehrt.

Der fromme Heide stellt sich dem Unentrinnbaren,

dem unerbittlichen Fatum. Auch wer es seinen Füßen unterwirft, bleibt ihm dennoch unterworfen – da nützt kein römischer Militärstiefel. Und ebensowenig nützt er gegen das Tosen des schwarzen Unterweltflusses, des ewig gierigen. Ist das Erforschen der Gründe eine Waffe gegen ihn? Glücklich nennt Vergil den Erforscher – aber er sagt nicht, daß die Ängste schwinden, daß das Schicksal gütiger und vermeidbarer, daß das Tosen des Acheron leiser wird. Dieser Heide macht sich nichts vor – und uns auch nicht.

Wir haben, so fürchte ich (ob wir's nun wissen oder nicht), diesem heidnischen Fatum unser judäisch-christliches Verzeihungs-Fühlen übergestülpt; und es ist ein unheilvolles Paradox, daß es unseren Umgang mit der Wirklichkeit desto radikaler bestimmt, je weltlicher wir geworden sind. Irgendwie, so fühlen wir, kommen wir schon heraus aus den Bestimmungen des Unerbittlichen, aus dem Absturz in die Acheron-Klamm. Und daß dieser Ausweg, dieses Entrinnen, wenn es überhaupt möglich ist, über nichts anderes gehen kann als das Ja zum Fatum, zum Tod, zu dieser unbedingt notwendigen Seite des Lebens, das hat in unserem Kulturentwurf keinen Platz mehr.

„*Gratia supponit naturam* – Gnade setzt die Natur voraus", so stehts beim Kirchenvater (der ja noch inmitten des Todes im Leben lebte). Und in dieser Natur ist Vergils Frömmigkeit verwurzelt: klarsichtiges, die *lacrimæ rerum,* die Tränen der Dinge beweinendes, aber schließlich und letztlich, nach Weltgrund-Erfahrung, doch unerschrockenes Heidentum. Es darf Dante bis ans Tor des Paradieses begleiten. Die Instanz, die der bäuerliche Mantuaner gern anruft, ist die *iustissima tellus,* die allgerechte Muttererde. Sie zurückgewinnen wäre der gewaltigste Fortschritt, den wir uns leisten könnten.

Ich trage die drei Zeilen in der Brusttasche; sie stärken.

Zwischen Anklage und Gottvertrauen

Norbert Greinacher

Ein Gebet Moses, des Mannes Gottes.

O Herr, du warst unsere Zuflucht
Von Geschlecht zu Geschlecht.
Ehe die Berge geboren waren
Und die Erde und die Welt geschaffen,
Bist du Gott von Ewigkeit zu Ewigkeit.

Du lässest die Menschen
Zum Staube zurückkehren,
Sprichst zu ihnen: „Kehret zurück,
Ihr Menschenkinder!“

Denn tausend Jahre
Sind vor deinen Augen
Wie der gestrige Tag,
Wenn er vergangen,
Wie eine Wache in der Nacht.

Du säest sie aus, von Jahr zu Jahr,
Sie sind wie das sprossende Gras:

Am Morgen erblüht es und sprosst,
Am Abend welkt es und verdorrt.

Denn wir vergehen
Durch deinen Zorn,

Fahren plötzlich dahin
Durch deinen Grimm.

Du hast unsre Sünden
Vor dich gestellt,
Unser Geheimstes
In das Licht deines Angesichts.

Ja, all unsre Tage schwinden
Durch deinen Zorn,
Unsre Jahre gehen dahin
Wie ein Seufzer.

Unser Leben währet siebenzig Jahre,
Und wenn es hoch kommt,
Sind es achtzig Jahre,
Und das meiste daran
Ist Mühsal und Beschwer;
Denn eilends geht es vorüber,
Und wir fliegen dahin.

Wer erkennt die Gewalt
Deines Zorns,
Und wer hegt Furcht
Vor deinem Grimm?

Lehre uns unsre Tage zählen,
Daß wir ein weises Herz gewinnen.

Kehre doch wieder, o Herr!
Ach, wie lange!
Habe Erbarmen
Mit deinen Knechten!

Sättige uns frühe mit deiner Gnade,

Daß wir frohlocken und uns freuen
Unser Leben lang.

Erfreue uns so viele Tage,
Wie du uns beugtest,
So viele Jahre, wie wir Unglück litten.

Laß deine Knechte
Dein Walten schauen
Und ihre Kinder deine Herrlichkeit.

Die Huld des Herrn, unsres Gottes,
Sei über uns!
Das Werk unsrer Hände
Wollest du fördern,
Ja, fördere es,
Das Werk unsrer Hände!

Psalm 90
(Übersetzung nach der Züricher Bibel)

Anklage Gottes – Gottvertrauen

Ein merkwürdiger Text, ein außerordentlicher Text, ein in mancher Hinsicht widersprüchlicher Text: dieser Psalm 90!

Da steht gleich im ersten Vers die vertrauensvolle Aussage: „O Herr, du warst unsre Zuflucht von Geschlecht zu Geschlecht", und nur einige wenige Verse später lese ich die Anklage: „Denn wir vergehen durch deinen Zorn, fahren plötzlich dahin durch deinen Grimm." Und schließlich das „Quousque tandem – kehre doch wieder, o Herr! Ach, wie lange!" Mit anderen Worten: Wie lange sollen wir denn dies noch aushalten: diese unsere Not, dieses unser Leid, unsere Qualen, unsere Angst, vor allem unsere Todesangst: Wie lange noch, o Herr?

Anklage Gottes und gleichzeitig Gottvertrauen: Das macht diesen Text so spannend, so spannungsgeladen, so dialektisch – und gleichzeitig so aktuell. Zwischen Anklage Gottes und Gottvertrauen: So möchte ich das unheimliche Thema dieses Psalmes formulieren. Freilich, wenn dieser Glaube, dieses Gottvertrauen nicht mehr so fraglos vorausgesetzt wird, dann setzt das bohrende Fragen nach dem Sinn des Lebens und nach dem Sinn des Todes ein.

Wir finden einen analogen Vorgang in unserer Europäischen Geschichte. Während im Altertum und im Mittelalter der Tod als gemeinsames Schicksal aller Menschen hingenommen und eingebettet war in den selbstverständlichen und unbefragten Glauben an die Auferweckung der Toten, setzte in der Neuzeit in immer stärkerem Maße die Frage nach dem Sinn des Todes, nach dem Sinn des Leides, nach dem Sinn der Ungerechtigkeit: die Frage nach der Gerechtigkeit Gottes ein. Zeuge dafür ist exemplarisch jene von Leibnitz (1646–1716) 1710 verfaßte Schrift „Versuch der Theodizee über die Gutheit Gottes, die Freiheit des Menschen und den Ursprung des Bösen". Existentiell bedrückend wurde diese Frage nach der Gerechtigkeit Gottes in Europa für viele Menschen durch das Erdbeben von Lissabon im Jahre 1755, dem etwa 30.000 Menschen zum Opfer fielen. Wie konnte es geschehen, so fragten sich damals die informierten Europäer und Europäerinnen, daß 30.000 Menschen elendiglich starben, obwohl sie unschuldig waren? Wie konnte Gott das zulassen? Wie lange noch müssen wir das ertragen? Wie lange noch?

Das ist auch die Frage des Autors unseres Textes, das ist die Frage der Menschen in Europa 1755, das ist die

Frage, wenn man – wie ich vor kurzem – wieder einmal das Konzentrationslager Auschwitz besucht hat.

Der Autor unseres Textes gibt sich nicht zufrieden mit den Antworten, die das Buch Ijob – etwa in derselben Zeit entstanden – oder das Buch Kohelet gaben, daß nämlich das Todesschicksal jeden Menschen treffe. Er gibt sich auch nicht zufrieden mit dem Wunsch zu sterben (Ijob 3,13–19) oder gar mit dem Wunsch, nie geboren zu sein. So heißt es in Kohelet:

„Da preise ich immer wieder die Toten, die schon gestorben sind, und nicht die Lebenden, die noch leben müssen. Glücklicher aber als beide preise ich den, der noch nicht geworden ist, der noch nicht das schlimme Tun gesehen hat, das unter der Sonne getan wird“ (4,2).

Unser Psalm hat mit dem Buch Kohelet die Zeitvorstellung eines ewigen Kreislaufs von Werden und Vergehen gemeinsam. Noch deutlicher als unser Psalm drückt das Buch Kohelet dies gleich zu Beginn seines Buches aus:

„Es ist alles ganz eitel, ganz eitel, spricht Kohelet. Es ist alles ganz eitel. Was denn nützt dem Menschen all sein Mühen, das er sich macht unter der Sonne? Ein Geschlecht geht, und ein Geschlecht kommt, nur die Erde bleibt immerzu bestehen. Die Sonne geht auf und geht, und die Sonne geht unter und strebt wieder zu dem Orte, wo sie aufgeht. Der Wind geht nach Süden, dreht sich nach Norden, es dreht sich und dreht sich und es weht der Wind; wohin er sich drehte, dahin kehrt wieder der Wind. Alle Wasser wandern zum Meer, doch wird das Meer davon nicht voll. Woher die Wasser kommen, dahin wandern sie immer wieder“ (1,2–7).“

Vor gut hundert Jahren, Anfang August 1881, ging ein Mensch namens Friedrich Nietzsche am Silvaplana-See im Oberengadin spazieren. Er machte dort dieselbe Erfahrung: „Bei einem mächtigen pyramidal aufgethürmten Block unweit Surlei machte ich Halt" (Friedrich Nietzsche, Sämtliche Werke. Kritische Studienausgabe 6, München 1980, 335). Und da kam ihm der gleiche Gedanke wie dem Autor unseres Psalms und wie Kohelet: „6000 Fuß jenseits von Mensch und Zeit" – der Gedanke an die ewige Wiederkunft des gleichen: Es gibt nichts Neues unter der Sonne! Unser Text drückt es so aus:

„Ehe die Berge geboren waren und die Erde und die Welt geschaffen, bist du Gott von Ewigkeit zu Ewigkeit. Du läßest die Menschen zum Staube zurückkehren, sprichst zu ihnen: 'Kehret zurück, ihr Menschenkinder!' Denn tausend Jahre sind vor deinen Augen wie der gestrige Tag, wenn er vergangen, wie eine Wache in der Nacht. Du säest sie aus, von Jahr zu Jahr, sie sind wie das sprossende Gras: Am Morgen erblüht es und sproßt, am Abend welkt es und verdorrt."

Diese Aussagen sind für uns heute provokant. Sicher: Auch wir müssen uns heute unsere Kleinheit und Begrenztheit zugestehen, unsere Selbstüberschätzung aufgeben. Denn so schrecklich weit sind wir mit unserem Fortschrittsglauben ja wirklich nicht gekommen! Aber andererseits stellt sich doch die Frage, ob denn – auf der Grundlage der jüdisch-christlichen Tradition – der Mensch zur größeren Ehre Gottes wirklich so klein und unbedeutend gemacht werden muß. Ist Gott nur dann groß, wenn der Mensch klein und elend ist? Ist Gott nur dann glücklich, wenn der Mensch unglücklich ist?

Nein, es gibt auch andere Traditionen im Alten Testament, etwa jene Aussage im 8. Psalm:

„Was ist der Mensch, daß du an ihn denkst, des Menschen Kind, daß du dich seiner annimmst? Du machst ihn wenig geringer als Engel, mit Ehre und Hoheit kröntest du ihn. Du setztest ihn zum Herrscher über das Werk deiner Hände, alles hast du ihm unter die Füße gelegt."

Anklage Gottes im Alten Testament

Die Tatsache, daß ein Mensch gegen Gott nicht nur Klage, sondern Anklage erhebt, ist unserem christlichen Denken nicht sehr vertraut. Wir finden aber das „Wie lange noch?" nicht nur in unserem Psalm, wir stoßen auf diese Anklage immer wieder im Alten Testament.

Hier in unserem Psalm finden wir diese Anklage gegen Gott in den Versen 7–9:

„Denn wir vergehen durch deinen Zorn, fahren plötzlich dahin durch deinen Grimm. Du hast unsere Sünden vor dich gestellt, unser Geheimstes in das Licht deines Angesichts. Ja, all unsre Tage schwinden durch deinen Zorn, unsre Jahre gehen dahin wie ein Seufzer."

Aber diese Gedanken sind nicht nur in unserem Psalm oder bei Ijob zu finden. Gleich zu Beginn des 22. Psalmes lesen wir:

„Mein Gott, mein Gott, warum hast du mich verlassen, bleibst fern meiner Rettung und den Worten meiner Klage?"

Und wir wissen, daß nach dem Zeugnis des Matthäus Jesus von Nazaret am Kreuze in der Stunde seiner Todesangst und seiner Todesnot sich diesen Vers zu eigen gemacht hat: „Mein Gott, mein Gott, warum hast du mich verlassen?"

Die chassidische Tradition

Diese Tradition der Gottesklage, der Anklage Gottes, ja des Haderns mit Gott ist vor allem in der chassidischen Tradition lebendig geblieben, in jener jüdischen mystischen Erneuerungsbewegung in Osteuropa, entstanden auf dem Hintergrund des entsetzlichen Leides der Israeliten dort, jener Chassidismus, den uns Martin Buber, Isaac Singer und Elie Wiesel wieder so nahegebracht haben. Elie Wiesel berichtet uns von dem Rabbi Levi Jizchak:

„Der Rabbi hatte keinerlei Skrupel, Gott daran zu erinnern, daß auch er sich von seinem Volk die Leiden vergeben lassen müsse, die er ihm auferlegt hatte. Daher die Pluralform 'Jom Kippurim': Die Bitte auf Verzeihung beruht auf Gegenseitigkeit ... Ein anderes Mal schlug er Gott einen Handel vor: 'Wir vertrauen dir unsere Sünden an, und du gewährst uns dafür Verzeihung. Im übrigen kommst du gut dabei weg. Ohne unsere Sünden – was würdest du denn anfangen mit deiner Verzeihung!' ... Während andere Mystiker mit Gott eine Beziehung auf Du und Du unterhielten, erlaubte sich Levi Jizchak, ihm mit dem Abbruch dieser Beziehung zu drohen. Er liebte es, zu beweisen, daß man Jude sein könne mit Gott, in Gott und sogar gegen Gott; nicht aber ohne Gott" (Elie Wiesel, Chassidische Feier. Wien 1974, 104f)

Kurt Marti

Diese Tradition der Anklage Gottes lebt auch heute noch fort. Eindrucksvoll finde ich sie wieder in einer der Leichenreden, die Kurt Marti verfaßt hat:

dem herrn unserem gott
hat es ganz und gar nicht gefallen

dass gustav e. lips
durch einen verkehrsunfall starb

erstens war er zu jung
zweitens seiner frau ein zärtlicher mann
drittens zwei kindern ein lustiger vater
viertens den freunden ein guter freund

dem herrn unserem gott
hat es ganz und gar nicht gefallen
dass einige von euch dachten
es habe ihm solches gefallen

im namen dessen der tote erweckte
im namen des toten der auferstand:
wir protestieren gegen den tod von gustav e. lips"

Kurt Marti, Leichenreden. Darmstadt [8]1975, 23

Vertrauen in Gott

Aber neben dieser Anklage Gottes finden wir eben immer auch das Vertrauen in Gott. Und dies ist das Erstaunliche, das Spannende, das Dialektische: Wir finden beides an derselben Stelle. Wir finden beides auch in unserem Psalm 90. Derselbe Text, der Gott das „Wie lange noch?" entgegenschleudert, bittet an anderer Stelle voll Vertrauen: „Die Huld des Herrn, unseres Gottes, sei über uns!" (Vers 17), oder: „O Herr, du warst unsere Zuflucht von Geschlecht zu Geschlecht" (Vers 1).

Es legt sich in diesem Zusammenhang nahe, mit einigen Exegeten von verschiedenen Schichten, von verschiedenen Autoren zu sprechen, die in unterschiedlichen Situationen einmal die Anklage gegen Gott erheben, ein andermal das gläubige Vertrauen zu Gott aussprechen. Solche wissenschaftlichen Überlegungen sind sicher wichtig und hilfreich für das Verständnis dieser Texte. Aber letztlich ändern solche Überlegungen eben nichts an der Tatsache, daß beide Aussagen in demselben Psalm stehen, daß ein späterer Redaktor es für richtig gehalten hat, beide Aussagen in demselben Gebet zu belassen.

Und so finden wir eben neben den Gott herausfordernden, anklagenden Versen auch jenen wunderschönen frommen Psalm 31, in dem es heißt:

„Auf dich, o Herr, vertraue ich, laß mich nimmermehr zuschanden werden ... Ja, mein Fels und meine Burg bist du, und um deines Namens willen wirst du mich leiten. Du wirst mich befreien aus dem Netze, das sie mir heimlich gestellt haben; denn du bist meine Zuflucht. In deine Hände, Herr, befehle ich mein Leben, du erlöst mich, Herr, du getreuer Gott" (Vers 2, 4–6).

Anklage Gottes heute

Und wie steht es mit uns? Mit unserem Glauben? Mit unserem Beten? Mit unseren Fragen? Mit unseren Zweifeln?

Ich weiß nicht, wie es Ihnen geht, wie Sie religiös erzogen worden sind. Von mir muß ich sagen: Mir kamen solche Anklagen Gottes, wie wir sie etwa in unserem Psalm finden, zunächst ungeheuerlich, ja blasphemisch, das heißt gotteslästerlich vor. Hat der Mensch das Recht, Gott Fragen zu stellen, an seiner Güte zu zweifeln, ja ihn wie vor einem Gericht anzuklagen?

Ein Freund von Romano Guardini, dem großen katholischen Theologen dieses Jahrhunderts, berichtete mir, daß er Guardini an seinem Sterbebett besuchte. Und da habe Guardini dem Sinne nach gesagt, daß er bereit sei zum Sterben, daß er auch bereit sei, vor den Weltenrichter zu treten und Rechenschaft abzulegen über sein Leben, was er getan und was er unterlassen habe. Aber, so fuhr Guardini fort: Ich werde dann auch Fragen stellen an den Richter, etwa die Frage nach dem Leiden unschuldiger Kinder.

Auch wir dürfen und sollen unsere Fragen an Gott nicht unterdrücken, wir sollen uns ehrlich und redlich unserem Zweifel stellen. Und wir sollen sie aussprechen vor Gott: im Geheimen unseres privaten Gebetes, im stillen Kämmerlein und in der Öffentlichkeit unserer Gemeinde, so wie es jener Rabbi Levi Jizchak getan hat. Gerade auch wenn wir trauern, wenn wir im Leid sind, wenn wir einen geliebten Menschen verloren haben, dann sollten wir uns die Freiheit nehmen, zu klagen, zu zweifeln, ja zu hadern und anzuklagen.

Angesichts der verbreiteten Tendenz heute, die Augen vor der Wirklichkeit zu verschließen, die weltweite Krise, den permanenten Hungerkrieg zwischen dem reichen Norden und dem armen Süden, die ökologische Krise, die zur Überlebensfrage der Menschheit geworden ist, zu verdrängen, gerade in einer solchen Situation dürfen wir uns nicht an der Geschichte vorbeidrücken. Ich darf nicht flüchten in den Mythos des technischen Fortschritts oder in den Mythos der esoterischen Welterlösung. Ich werde auch und gerade im Gebet meine Frage zu stellen haben.

Gottvertrauen heute

Aber neben fragenden Anklagen und klagenden Fragen sollten wir das Vertrauen in Gott nicht vergessen, ein Vertrauen, wie es etwa im Psalm 31 heißt:

„In deine Hände, Herr, empfehle ich mein Leben!“

Dabei wissen wir natürlich, daß Gott keine Hände hat. Aber ist es nicht ein wunderschönes Bild für diesen Sachverhalt: Da ist eine alles umgreifende, letzte Wirklichkeit, der ich vertrauen darf? Wie können Hände hilfreich sein, mir Sicherheit geben, mir Liebe und Zärtlichkeit vermitteln, mir zu verstehen geben, daß ich nicht allein bin, gerade auch in Situationen, wo Worte versagen? Welche Vielfalt von Botschaften können Hände vermitteln, und wie wirksam können sie sein und uns helfen, vor allem wenn wir krank und alleine, wenn wir hungrig und durstig sind, beim Geborenwerden und beim Sterben.

Eine Religion, ein Glaube, der mir keinen Trost spendet, kann mir gestohlen bleiben. Ein Glaube, der angesichts von Krankheit und Not, von Elend und Not nichts zu sagen hat, ist für mich wertlos. Allerdings: Glauben darf seinen „Sitz im Leben" nicht nur in Leiderfahrungen haben. Er darf nicht nur trösten. Er muß genauso integriert werden können in positive Erfahrungen: in Glück und Liebe, in Schönheit und Erfüllung, in Zärtlichkeit und Musik, in Freude und Kunst.

Glauben muß Trost vermitteln können in lähmender und erduldeter Not, aber auch Kraft und Mut und Phantasie zu leidenschaftlichem Engagement im Kampf um Freiheit und Gerechtigkeit. Ich bin überzeugt davon, daß jüdisch-christlicher Glaube in dieser Spannung zwischen Gelassenheit und Leidenschaft zu verorten ist.

Der Vers *„In deine Hände, Herr, befehle ich meinen Geist"* ist nach meinem Empfinden ein Abendgebet, kein Morgengebet. Es ist mein liebstes abendliches Stoßgebet. Wenn ich nachts todmüde bin, wenn ich ausgelaugt und traurig und frustriert und enttäuscht bin, wenn meine Verantwortung für mich und meine Mitmenschen mich zu Boden drückt, dann vor allem spreche ich gerne diesen Vers. Er ist nicht intellektuell anspruchsvoll, er ist nicht schwierig nachzuvollziehen, seine Aussage ist klar und deutlich und in der Nacht tröstlich. In solchen und ähnlichen Situationen lernt man den Wert von Stoßgebeten schätzen: In ihrer Klarheit und Kürze, in ihrer sprachlichen Abrufbarkeit sind sie unersetzlich!

Morgens bete ich anders: Dann bitte ich um Kraft, um Einsicht, um Intuition, um Energie, um Mut, um Phantasie, um Erhellung meiner Verantwortung. Morgens geht es um meinen Teil, den ich zu tun habe; abends bin ich froh, wenn Gott zu den Menschen spricht:

„Den liebe ich nicht, der nicht schläft … sie lenken ihre Geschäfte oft gut während des Tages. Doch sie wollen mir nicht deren Lenkung anvertrauen während der Nacht. Als ob ich nicht fähig wäre, sie eine Nacht lang sicher zu lenken. Wer nicht schläft, ist untreu der Hoffnung" (Charles Peguy, Das Mysterium der Hoffnung, Wien 1952, 178f).

„In deine Hände, Herr, befehle ich meinen Geist!": Dies ist ein Gebet in Todesangst, wie Jesus von Nazaret es uns vorgebetet hat. Zweimal in meinem Leben hat mich Todesangst erfüllt. Dieses Stoßgebet hat mir in dieser Situation viel geholfen. Ich habe es auch als Seelsorger oft und oft Sterbenden vorgesprochen, und sie haben es mir nachgesprochen. Ich wünsche mir und anderen, daß wir bei unserem Sterben noch so bewußt sind und noch so viel Glauben haben werden, um dieses Gebet nachvollziehen zu können.

Auferstehung vor dem Tode

Paul Konrad Kurz

Auferstehung

Manchmal stehen wir auf
Stehen wir zur Auferstehung auf
Mitten am Tage
Mit unserem lebendigen Haar
Mit unserer atmenden Haut.

Nur das Gewohnte ist um uns.
Keine Fata Morgana von Palmen
Mit weidenden Löwen
Und sanften Wölfen.

Die Weckuhren hören nicht auf zu ticken
Ihre Leuchtzeiger löschen nicht aus.

Und dennoch leicht
Und dennoch unverwundbar
Geordnet in geheimnisvolle Ordnung
Vorweggenommen in ein Haus aus Licht.

Marie Luise Kaschnitz

Als Kind lernte ich das apostolische Glaubensbekenntnis: „Ich glaube an die Auferstehung der Toten und das ewige Leben". Jeden Sonntag habe ich es in unserer oberschwäbischen Barockkirche gebetet, einfach oder feierlich gesungen. Die Liturgie verleiht dem

Erlernten erhabene Gefühle und einen Glanz eigener Art. Sie lag auf einer anderen Ebene. Sie enthob den Glaubenssatz jeder Diskussion. Fest stand und unanfechtbar: Auferstehung gehört zum zukünftigen Leben. Unser Lebensgefühl als Kinder war – trotz des bald hereinbrechenden Krieges – unangetastet. Sterben, das mußten andere, ältere, kranke, uralte Menschen. Mehrmals im Jahr ministrierten wir bei Beerdigungen. Sterben betraf die anderen, für die dann der Pfarrer zuständig war. Weil uns die Frage des Todes nicht betraf, betraf uns auch nicht die Frage der Auferstehung.

Die freilich gab es einmal im Jahr. Sie gehörte dem österlichen Christus. Damals gab es noch keine liturgische Osternacht. In der Auferstehungsfeier am Karsamstagabend versank der karfreitägliche Leichnam – blaß und beängstigend lag er im Halbdunkel. Aber am Karsamstagabend versank er. Und hoch fuhr, sichtbar, hörbar (der Mesner, hörte ich später, war für das Räderwerk zuständig) der Auferstehungschristus, unter Orgelgebraus und vielstimmigem „Christ ist erstanden", erstrahlend in hellstem Licht. Die Karwoche war nur dazu da, auf diesen Augenblick zu warten. Und dieser Augenblick „funktionierte" in unserer Kindheit. Das war die Zeitung, die Nachricht – vielleicht wie heute nur noch in griechischen Dörfern der Ruf „Christ ist erstanden".

Für die Vorstellung, es könnte auch Auferstehung *vor* dem Tode geben, eine Auferstehung aus Krankheit, Depression, Trennungstrauma, dazu brauchte es Jahrzehnte, brauchte ich die Erfahrung von Verwundung (am Karsamstag 45, noch nicht achzehnjährig), Sprachlähmung, die spätere Erfahrung psychischer und sozialer Bedrohung des Lebens. Jahrzehnte vergingen, ehe der damals katholisch ganz unorthodoxe Gedanke mich anflog. Es gab die Erfahrung, daß man gesund werden konnte, den Mut und den Willen zu neuem Leben fand. Die Glieder funktionierten. Der Geist hielt nach vorne Ausschau. Die Seele konnte ihre Verluste aushalten und neues Leben vor sich sehen. Die Haut wärmte sich in der Sonne. Eine Wandlung hatte sich ereignet, ein Lebenswunder, erfahren bis in die Spitzen des Bewußtseins, nur ein Stück weit mitteilbar, von höchster Bedeutung. Sie war weder im Katechismus des Kindes noch in der anhaltenden Wissensvermittlung der Professoren begegnet.

Für den evangelischen Kirchenfunk am liberaleren Rhein war „Auferstehung vor dem Tod". Mit dem Zürcher Pfarrer und Schriftsteller Kurt Marti konnte ich darüber sprechen. Ihm war das Thema nahe. In seinen „Leichenreden", diesen versifizierten Grabreden aus den späten 60er Jahren, deutet er immer wieder die verhinderte, die schuldhaft ausgebliebene Auferstehung zu neuem Leben an. Da bekam eine Frau mit zwanzig ein Kind. Daraufhin wurde ihr Heirat befohlen; nach der Heirat Verzicht auf alle Studienpläne.

„Als sie mit dreißig
noch Unternehmungslust zeigte,
wurde ihr Dienst im Hause
befohlen.

Als sie mit vierzig
noch einmal zu leben versuchte,
wurde ihr Anstand und Tugend
befohlen.

Als sie mit fünfzig
verbraucht und enttäuscht war,
zog ihr Mann
zu einer jüngeren Frau."

Diese Frau wurde immer eingesperrt in den Sarg von „Anstand und Tugend", in die häusliche Familiengruft, in die ausweglose Einsamkeit im Namen von „Anstand und Tugend" und unausgesprochener Einsperrung.

Von einem anderen Menschen, der sein Leben als Waise beginnen mußte, später Lustknabe, Zuhälter, erpreßt und Erpresser wurde, Zuchthäusler, drogenabhängig, berichtet Marti, wie er von der Droge befreit, statt sich zu spritzen, erklärte:
„nein nicht
ich bin fertig damit".
Die Verserzählung setzt die Befreiung von der Droge ausdrücklich in Beziehung zur Auferstehung Christi. Statt Zudriften auf den Drogentod – Lust zu neuem Leben, zu einer Gegenwart und Sympathie mit den Menschen in Unschuld.

Das Gedicht „Auferstehung" von Marie Luise Kaschnitz steht im Band „Dein Schweigen – meine Stimme" (Gedichte 1958–61). Es sind Verse, die sie nach dem von ihr schmerzlich erlittenen Tod ihres Mannes geschrieben hat. Verlust der leibseelischen Nähe, Verlust der hier und jetzt alle Erfahrung und alles Erleben durchdringenden Zweisamkeit. „Mit dem Tod muß ich umgehn" beginnt das vierteilige „Requiem". Die Trennung, die Leere, das Nicht-mehr-zusammen, der Tod schreibt sich in die Verse. Überraschend in diesem Kontext das Gedicht „Auferstehung". Nicht von Ostern, nicht von der Auferstehung Christi, nicht von unserer im Credo bezeugten Auferstehung nach dem Tod ist die Rede, vielmehr von einer leibhaftig erfahrenen Auferstehung „mitten am Tage".

Die *erste* Strophe berichtet und beteuert die Erfahrung. Es ist nicht ein Wissen, nicht ein Glaube, sondern eine Erfahrung mit Haut und Haar bei lebendigem Atem.

Die *zweite* Strophe weist die Vorspiegelung einer „Fata Morgana“ in der Wüste und die fromm gestimmte Laune einer idyllischen Paradiesversöhnung – Löwe und Wolf haben ihre Raubtiereigenschaften verloren – zurück. Keine Einbildung, weder eine phantastische noch eine frömmelnde, sondern rationale – aber nicht begründbare Gegenwart. Kein „weil, darum deshalb“.

Die *dritte* Strophe betont mit dem Bild der tickenden Weckuhren, daß reale Zeit und reale Forderungen, jene chronologisch geordnete Wirklichkeit, die uns bedrängt, nicht ausgeschaltet sind.

Die *vierte* Strophe setzt nach den beiden verneinenden ein zweimaliges „Dennoch“: gesteigerte Beteuerung, ja Behauptung der ersten Strophe. Sie versucht, andeutungsweise, die Erfahrung, den Zustand des glücklichen, ja seligen Augenblicks zu beschreiben, zuerst mit den beiden Eigenschaftsworten „leicht“ und „verwundbar“, dann mit dem Begriff „geheimnisvolle Ordnung“, zuletzt mit dem metaphorischen Bild „Haus aus Licht“. Im Alltag bedrückt uns das Gewicht der Welt, die Last des Lebens, Schicksal, Schuld, die Unveränderbarkeit der sozialen und individuellen Welt. Hier wird, hier ist die Gegenwart „leicht“. Hier ist der Augenblick, in dem sich dem verwundeten Menschen, dem Hjob-Menschen, dem Ölberg-Knecht, der Karfreitags-Magd Atem, Gegenwart, sein ganzes Lebensbewußtsein „unverwundbar“ erscheint; erscheint nicht im Sinn von Täuschung, sondern von Leuchten, Aufleuchten. Der unverwundbare Augenblick ist ein heiler; der unverwundbare Menschen ist in diesem Augenblick geheilt und heil. Es fällt auf, daß die Autorin kein Tätigkeits- noch ein aktives Vorgangsverb benutzt. Mit zwei Zustandspartizipien – „geordnet“ und „vorweggenommen“ – beschreibt sie das, was aus einer nicht näher bestimmten Vergangenheit in die Gegenwart gekommen ist und heilsam, friedvoll bleibt.

Den Begriff „Ordnung“ verbindet die Autorin mit der näheren Bestimmung „geheimnisvoll“. Keine Paragraphenordnung, keine Gesetzesordnung, keine naturwissenschaftlich erkannte oder technisch hergestellte Ordnung. Es ist eine Ordnung, die menschlichem Zugriff nicht zugänglich ist. Sie ist nicht faßbar, nicht organisierbar, nicht herstellbar, schon gar nicht kaufbar. Sie gehört dem Transzendenten zu. Sie ist jene „friedensstiftende Form“, die als Gnade in unser Physisches eingreift. Die „geheimnisvolle Ordnung“ ist göttlich richtend und göttlich gnädig. Parallel dazu setzt die Autorin „Haus aus Licht“ als metaphorisches Bild für die Grunderfahrung:

licht und geborgen,
licht und behaust,
wissend,
ahnend,
fühlend wohnen im hellen Wohlbefinden.

Schließt „vorweggenommen“ die Ahnung der zukünftigen Lebensform, eines zukünftigen Äons ein? Baut es eine Brücke von hier nach drüben, von den Lebenden zu den Toten? Das Gedicht beläßt dem Leser eigenes Verstehen und Glaubensarbeit.

Die Grunderfahrung kann weder exakt beschrieben noch berichtend und beschreibend mitgeteilt werden. Alle Aussagen im Gedicht, besonders in der vierten Strophe, sind verweisende Aussagen. Sie verweisen auf das transzendierende Geschehen, auf eine transzendierende Gegenwart. Das Gedicht „Auferstehung“ berichtet Vorgang und Zustand einer intensiven Erfahrung von Gnade. Es ist eine (im strengen Sinn) mystische Erfahrung. Sie zeitigt Licht, Geborgenheit, Friede, ein intensives, seliges Lebensgefühl, höchste Gegenwart, die intensivste Form des bewußten Erlebens von Einssein und Kommunikation, von Jasagen und Liebe zu jeder Form des Lebens und der Auferstehung. Sie ist kein Happy-Geschehen, nicht abrufbar, bestellbar, willentlich zusprechbar.

Die geheimnisvoll beglückende, schwerste Verkrampfung und Verhaftung lösende Gegenwart geschieht als höchste Lebensgnade. Die vorausgehende Karfreitagserfahrung der Sprecherin, der Tod des ihr nächsten Menschen, des Lebensmenschen, des Geliebten, war nicht gewollt, nicht im Lebensplan gestanden, sterbend erlitten. Die Erfahrung der „Auferstehung mitten am Tage" wurde mystisch geschenkt. Nichts wurde von der modernen Welt, die sich ihres Aufklärungsanspruchs rühmte, so sehr in den Hinter-, ja Untergrund gedrängt wie die mystische Begabung, mystische Natur des Menschen. Heilige – und zuweilen Dichter machten auf sie aufmerksam.

„Manchmal stehen wir auf mitten am Tage", dieser Satz der Erfahrung und der Zusage hat mich oft gestärkt, wenn ich niedergeschlagen war, deprimiert, mutlos. Dieser Zuspruch hat mich getröstet, wenn ich mich eingesperrt fühlte in eine türlose Dunkelkammer. Er hat mich ermutigt, wenn ich mich schuldig wußte: Steh auf, geh weiter. Er hat mir einen Antrieb des Glaubens gegeben, wenn Mächtige mich düpierten, graue Herren vor und hinter Kulissen mich ausspielten, wenn maskenhafte Funktionäre ihre Kälte wie Totengift in meine Seele bliesen.

„Manchmal stehen wir auf mitten am Tage", das

war meine *Magnifikat*-Zeile. Da lebte ich auf. Da konnte ich Gott danken, daß ich leben durfte. Da verspürte ich Lebenslust. Da sanken Mühsal und Ohnmachts-Erfahrung weg. Licht schien in das erschütterte Bewußtsein. Ich wußte: du darfst leben.

„Auferstehung mitten am Tage" ist der größte Gegensatz zum gnadenlosen Verenden Gregor Samsas in Franz Kafkas Erzählung *„Die Verwandlung"*. Gregor Samsa fand sich eines Morgens, „aus unruhigen Träumen erwacht", zu einem Ungeziefer, in einen abscheulichen Käfer verwandelt. Im kommunikationsfeindlichen, sympathieunfähigen, alle Liebe entziehenden Haus von Mutter, Schwester, Vater mußte Gregor Samsa gnadenlos sterben. Keine Aufhebung aus dem untermenschlichen Zustand, keine „Auferstehung", sondern gnadenloses Verenden, „Verrecken".

Es gibt den unzeitigen, den grausamen, den falschen Tod. Es gibt die Auferstehung mitten am Tag oder mitten in der Nacht, eine wundersame Gegenwart im seligen Augenblick und in anhaltend friedvollem Einverständnis. Eine der schönsten Bezeugungen von Auferstehung mitten im Leben stammt von Marie Luise Kaschnitz.

Demokratie für die Toten

Heinz Piontek

Wir müssen der tiefsten
und verkanntesten aller Klassen
unserer Vorfahren,
wieder Stimmrecht einräumen.

Wir fordern
Demokratie für die Toten.

Tradition lehnt es ab,
der anmaßenden Oligarchie
zufällig heute Herumlaufender
das Feld zu überlassen.

Gilbert Keith Chesterton 1874–1947

Etwa zwanzig Jahre nach Chestertons Tod bekam ich diese Textstelle zum ersten Mal zu Gesicht. Es war eine Zeit, in der sich fast alle schmählich beleidigt fühlten, wenn man sie in Verbindung zum Wort „Tradition" brachte. Wohlgemerkt, in der Bundesrepublik.

Ich war damals von den progressiv ausgerichteten literarischen Stimmungen nicht mehr sehr beeindruckt, immerhin, es gab Momente, in denen ich die Sache der „Vorfahren" für fast verloren hielt. Da tat mir dieser Aphorismus des englischen Essayisten und Erzählers die Augen auf. Ja, er fegte den angesammelten Wust, von blindschwärmenden Fortschrittsgläubigen und -mitläufern erzeugt, im Nu aus meinem Kopf. Ich sah wieder klar.

Nicht *„den zufällig heute Herumlaufenden das Feld überlassen“*: Das war nonchalant und witzig gesagt und doch eine Zeile, dicht wie ein Vers. Präziser und mit weniger Sprachaufwand ließ sich das nicht ausdrükken. „Die verkannteste aller Klassen“: Hier wurde ein ideologisch längst überstrapazierter Begriff durch ein überraschend hinzugefügtes Attribut von neuem bedenkenswert.

Am tiefsten traf mich der Satz : *„Wir fordern Demokratie für die Toten.“* Das hätte man nicht bloß für Wandzeitungen benutzen, sondern in Stein eingraben können.

„Demokratie für die Toten“: ein herrlicher und unbedingt ernst zu nehmender Gedanke. Nicht mehr die Toten abschreiben als längst Gewesene! Nicht das Verstauben ihrer Werke gleichsetzen mit dem Ende ihres Wirkens! Heraklit hat davon gesprochen, daß „die Schlafenden“ auch „Wirker und Mitwirker bei dem sind, was in der Welt geschieht“. In diesem Sinne, glaube ich, wirken auch die Toten weiter. Ja, in mehr als diesem einen Sinne!

Mit der Vergötzung der Jugend ist es nicht getan. Auch junge Leute bilden nur „eine Klasse“ unter anderen. Gewiß, wir Älteren haben uns früher auch weitgehend mit den Hervorbringungen „zufällig damals Herumlaufender“ eingelassen oder sie vielleicht gar angehimmelt. Es ist das gute Recht der Jugend, den Ballast der Vergangenheit einmal abzuwerfen, um dann mit Gleichaltrigen „neu“ anzufangen.

Doch von einem bestimmten Alter an reicht dieses

Frisch-Fröhlich-Unbekümmerte nicht länger aus. Dann ist es gut, auf eine fast beiläufig hingeschriebene Sentenz wie diejenige des glänzenden Essayisten Chesterton zu stoßen. Unversehens kriegen Zeit, Literatur und Kunst ihre Dimension zurück.

Zahlenmäßig ist die „verkannteste aller Klassen" den gegenwärtig führenden weit überlegen. Ihr kein Mitspracherecht zuzugestehen, wäre ein brutaler, gänzlich undemokratischer Akt. Nicht allein vor der Masse der Toten, sondern weit mehr noch vor der Qualität dessen, was sie hinterließen, können wir Heutigen, wenn wir nicht größenwahnsinnig sind, uns sozusagen nur verstecken.

Aber so weit will ich gar nicht gehen. Der Lebende muß zunächst als Zeitgenosse existieren, das heißt, seine eigene Zeit zur Kenntnis nehmen, sich mit ihr auseinandersetzen, warum sich nicht mit ihr auch raufen? Wer sich sogleich den Vorfahren unterwürfe, sich ausschließlich in ihre Werke vertiefte, wäre bestimmt nicht der Klügste von uns, bloß ein Bücherwurm. Ein anderer, der mit einer Handbewegung die Einsicht, Erfahrung und Schönheit von Jahrtausenden von sich schöbe, bliebe zeitlebens ein Trottel.

Schließlich noch ein Wort zur „Oligarchie", also zur Herrschaft einer Minderheit über eine Mehrheit. Gerade sie sollte rasch abgebaut werden. Könnten jene über der Erde sich mit ihrer eindeutigen Vormacht nicht fairer verhalten gegenüber der scheinbaren Ohnmacht jener unter der Erde? In einer Demokratie, wie sie Chesterton vorschwebte, muß Raum sein für alle Lebenden und alle Am-Leben-Gewesenen. Nirgendwo ein Machtvorteil, sondern absolute Gleichberechtigung; Stimme neben Stimme. Ja, erst im Neben- und Miteinander aller „Klassen" dürfte – um es einmal à la mode zu sagen – ein Maximum an Effizienz erzielt werden.

VI

Worauf es ankommt

Oskar Koller: Alter Baum, 1994.

Laden die Feldwege zum Denken ein?

Gion Condrau

Er läuft aus dem Hofgartentor zum Ehnried. Die alten Linden des Schloßgartens schauen ihm über die Mauer nach, mag er um die Osterzeit her zwischen den aufgehenden Saaten und erwachenden Wiesen leuchten oder um Weihnachten unter Schneewehen hinter dem nächsten Hügel verschwinden. Vom Feldkreuz her biegt er auf den Wald zu. An dessen Saum vorbei grüßt er eine hohe Eiche, unter der eine roh gezimmerte Bank steht.

Darauf lag bisweilen die eine oder die andere Schrift der großen Denker, die eine junge Unbeholfenheit zu entziffern versuchte. Wenn die Rätsel einander drängten und kein Ausweg sich bot, half der Feldweg. Denn er geleitet den Fuß auf wendigem Pfad still durch die Weite des kargen Landes.

Immer wieder geht zuweilen das Denken in den gleichen Schriften oder bei eigenen Versuchen auf dem Pfad, den der Feldweg durch die Flur zieht. Dieser bleibt dem Schritt des Denkenden so nahe wie dem Schritt des Landmannes, der in der Morgenfrühe zum Mähen geht.

Öfter mit den Jahren entführt die Eiche am Weg zum Andenken an frühes Spiel und erstes Wählen. Wenn zu Zeiten mitten im Wald eine Eiche unter dem Schlag der Holzaxt fiel, suchte der Vater alsbald quer durchs Gehölz und über sonnige Waldblößen den ihm zugewiese-

nen Ster für seine Werkstatt. Hier hantierte er bedächtig in den Pausen seines Dienstes bei der Turmuhr und den Glocken, die beide ihre eigene Beziehung zu Zeit und Zeitlichkeit unterhalten.

Aus der Eichenrinde aber schnitten die Buben ihre Schiffe, die mit Ruderbank und Steuer ausgerüstet im Mettenbach oder im Schulbrunnen schwammen. Die Weltfahrten der Spiele kamen noch leicht an ihr Ziel und fanden wieder an die Ufer zurück. Das Träumerische solcher Fahrten blieb in einem ehemals noch kaum sichtbaren Glanz geborgen, der auf allen Dingen lag. Ihr Reich umgrenzten Auge und Hand der Mutter. Es war, als hütete ihre ungesprochene Sorge alles Wesen.

Jene Fahrten des Spieles wußten noch nichts von Wanderungen, auf denen alle Ufer zurückbleiben. Indessen begannen Härte und Geruch des Eichenholzes vernehmlicher von der Langsamkeit und Stete zu sprechen, mit denen der Baum wächst. Die Eiche selber sprach, daß in solchem Wachstum allein gegründet wird, was dauert und fruchtet: Daß wachsen heißt: der Weite des Himmels sich öffnen und zugleich in das Dunkel der Erde wurzeln; daß alles Gediegene nur gedeiht, wenn der Mensch gleich recht beides ist: bereit dem Anspruch des höchsten Himmels und aufgehoben im Schutz der tragenden Erde.

Immer noch sagt es die Eiche dem Feldweg, der seines Pfades sicher bei ihr vorbeikommt. Was um den Weg sein Wesen hat, sammelt er ein und trägt jedem, der auf ihm geht, das Seine zu. Dieselben Äcker und Wiesenhänge begleiten den Feldweg zu jeder Jahreszeit mit einer stets anderen Nähe. Ob das Alpengebirge über den Wäldern in die Abenddämmerung wegsinkt, ob dort, wo der Feldweg sich über eine Hügelwelle schwingt, die Lerche in den Sommermorgen steigt, ob aus der Gegend, wo das Heimatdorf der Mutter liegt, die Ostluft herüberstürmt, ob ein Holzhauer beim Zunachten sein Reisigbündel zum Herd schleppt, ob ein Erntewagen in den Fuhren des Feldweges heimwärtsschwankt, ob Kinder die ersten Schlüsselblumen am Wiesenrain pflücken, ob der Nebel tagelang seine Düsternis und Last über die Fluren schiebt, immer und von überall her steht um den Feldweg der Zuspruch des Selben:

Das Einfache verwahrt das Rätsel des Bleibenden und des Großen. Unvermittelt kehrt es bei den Menschen ein und braucht doch ein langes Gedeihen. Im Unscheinbaren des immer Selben verbirgt es seinen Segen. Die Weite aller gewachsenen Dinge, die um den Feldweg verweilen, spendet Welt. Im Ungesprochenen ihrer Sprache ist, wie der alte Lese- und Lebemeister Eckehardt sagt, Gott erst Gott.

Aber der Zuspruch des Feldweges spricht nur so lange, als Menschen sind, die, in seiner Luft geboren, ihn hören können. Sie sind Hörige ihrer Herkunft, aber nicht Knechte von Machenschaften. Der Mensch versucht vergeblich, durch sein Planen den Erdball in eine Ordnung zu bringen, wenn er nicht dem Zuspruch des Feldweges eingeordnet ist. Die Gefahr droht, daß die Heutigen schwerhörig für seine Sprache bleiben. Ihnen fällt nur noch der Lärm der Apparate, die sie fast für die Stimme Gottes halten, ins Ohr. So wird der Mensch zerstreut und weglos. Den Zerstreuten erscheint das Einfache einförmig. Das Einförmige macht überdrüssig. Die Verdrießlichen finden nur noch das Einerlei. Das Einfache ist entflohen. Seine stille Kraft ist versiegt.

Wohl verringert sich rasch die Zahl derer, die noch das Einfache als ihr erworbenes Eigentum kennen. Aber die Wenigen werden überall die Bleibenden sein. Sie vermögen einst aus der sanften Gewalt des Feldweges die Riesenkräfte der Atomenergie zu überdauern, die sich das menschliche Rechnen erkünstelt und zur Fessel des eigenen Tuns gemacht hat.

Der Zuspruch des Feldweges erweckt einen Sinn, der das Freie liebt und auch die Trübsal noch an der günstigen Stelle überspringt in eine letzte Heiterkeit. Sie wehrt dem Unfug des nur Arbeitens, der, für sich betrieben, allein das Nichtige fördert.

In der jahreszeitlich wechselnden Luft des Feldweges gedeiht die wissende Heiterkeit, deren Miene oft schwermütig scheint. Dieses heitere Wissen ist das „Kuinzige". Niemand gewinnt es, der es nicht hat. Die es haben, haben es vom Feldweg. Auf seinem Pfad begegnen sich der Wintersturm und der Erntetag, treffen sich das regsam Erregende des Frühjahrs und das gelassene Sterben des Herbstes, erblicken einander das Spiel der Jugend und die Weisheit des Alters. Doch in einen einzigen Einklang, dessen Echo der Feldweg schweigsam mit sich hin und her trägt, ist alles verheitert.

Die wissende Heiterkeit ist ein Tor zum Ewigen. Seine Tür dreht sich in den Angeln, die aus den Rätseln des Daseins bei einem kundigen Schmied einst geschmiedet worden.

Vom Ehnried her kehrt der Weg zurück zum Hofgartentor. Über den letzten Hügel hinweg führt sein schmales Band durch eine flache Senke hin bis an die Stadtmauer. Matt leuchtet es im Sternenschein. Hinter dem Schloß ragt der Turm der St. Martinskirche. Langsam, fast zögernd verhallen elf Stundenschläge in der Nacht. Die alte Glocke, an deren Seilen oft Bubenhände sich heißgerieben, zittert unter den Schlägen des Stundenhammers, dessen finster-drolliges Gesicht keiner vergißt.

Die Stille wird mit seinem letzten Schlag noch stiller. Sie reicht bis zu jenen, die durch zwei Welt-Kriege vor der Zeit geopfert sind. Das Einfache ist noch einfacher geworden. Das immer Selbe befremdet und löst. Der Zuspruch des Feldweges ist jetzt ganz deutlich. Spricht die Seele? Spricht die Welt? Spricht Gott?

Alles spricht den Verzicht in das Selbe. Der Verzicht nimmt nicht. Der Verzicht gibt. Er gibt die unerschöpfliche Kraft des Einfachen. Der Zuspruch macht heimisch in einer langen Herkunft.

Martin Heidegger

Aufgewachsen in einem Gebirgsdorf Graubündens, in einem weltanschaulich klar definierten Umfeld eines 700 Jahre alten Benediktinerklosters und im Schoße einer durch drei Generationen bereits auf die Medizin ausgerichteten Familie, Urgroßvater, Großvater und Vater waren daselbst, im Disentis, als Landärzte tätig – wandte ich mich enthusiastisch dem Arztberuf zu. So waren mir nicht nur alle Arten von Feldwegen meiner Heimat bekannt, sondern auch die der Medizin innewohnende, ja diese bestimmende Naturwissenschaft. Auch die Psychiatrie, der ich mich nach manchen Umwegen zuwandte, ließ sich scheinbar leicht in das systematisierende, rationale Denken einfügen, so schien es mir zunächst. Doch allmählich kamen mir Zweifel, ob denn wirklich das „Seelische" am Menschen zweifelsfrei der naturwissenschaftlichen Kausalität unterstellt werden dürfte, oder ob nicht vielmehr eine völlig neue Sicht dem Wesen des gesunden und kranken Menschen eher entspreche.

Eine erste Begegnung mit dem Denker Martin Heidegger 1959 in Zürich und der spätere Versuch, mich mit dem Gedanken von „Sein und Zeit" vertraut zu machen, ließen mich jedoch zunächst fast verzweifeln. War es denn möglich, in so schwieriger Sprache wie jener Heideggers die klare Aussagekraft naturwissenschaftlicher Forschung zu widerlegen, und befanden sich denn alle namhaften Psychiater, nicht nur die Somatiker, auf einem Irrweg, wenn sie glaubten, mit Hilfe der naturwissenschaftlich bewährten Methode den Menschen in seinem Wesen zu begreifen? Meine Zweifel erhielten aber Nahrung durch die unmittelbare Begegnung mit meinen Patienten. Immer mehr schienen sich diese anders zu entwickeln und zu verhalten, als ich eigentlich aufgrund meiner gründlichen medizinischen Ausbildung erwarten durfte. Mein früherer Lehrer, Manfred Bleuler, schien ähnliche Zweifel zu haben, konnte aber durch seine überragende Persönlichkeit die Mängel rationaler Haltung ausgleichen. Dies allerdings gelang seinen Nachfolgern nicht in der erwünschten Konsequenz. So schloß ich mich dann der neuen daseinsanalytischen Richtung von Ludwig Binswanger und Medard Boss an, ein Schritt, der mir durch eine Schrift Heideggers *„Der Feldweg"* erst eigentlich leicht gemacht wurde.

Der Feldweg Martin Heideggers – eine Tafel in Meßkirch, dem Geburtsort des Philosophen, weist den heutigen Besucher darauf hin – ist ein Weg des Denkens. Nicht von ungefähr wird gleich zu Beginn dieser so poetischen wie tiefsinnigen Schrift die „roh gezimmerte

Bank" unter der hohen Eiche erwähnt, auf der bisweilen Schriften der großen Denker lagen, die „eine junge Unbeholfenheit" – wohl eine biographische Anspielung – zu entziffern versuchte.

Feldwege sind Naturwege, begehbar in der Weite von Feldern, Fluren, Wäldern und Hügeln. Es sind die Wege, die auch im Gebiet der Alpen zu Höhen führen, von denen aus ein Bergwanderer die Engnis der Täler weit unter sich, die unendliche Ferne des Horizontes aber unverkennbar nahe erblickt. Es gibt ihrer immer noch viele, auch wenn der Massentourismus – ein Zeitphänomen? – die Stille und Ruhe dem Lärm, der Schwätzigkeit, der Profanität geopfert hat. Laden die Feldwege immer noch zum Denken ein? Gewiß, wenn der Denkende sie findet.

Die Wege, auf denen wir, die „homines sapientes", wandern, sind nicht mehr jene der Denker, schon gar nicht jene der Dichter, jener Menschen also, denen die Natur zuspricht, die diesem Zuspruch vertrauen und sich in ihm wohlfühlen können. Der Weg des heutigen, rationalen, aufgeklärten und der Tätigkeit verpflichteten Wanderers hat die Transzendenz verloren; er sucht ein Ziel und wird dementsprechend unbegehbar. Sätze, wie „der Weg ist das Ziel" finden gelegentlich noch in philosophisch verbrämten oder literarischen Essays ihren Ort, sofern sie nicht nur noch aus leeren Worthülsen bestehen. Daß der Weg auf ein Ziel zu aber den Eigenwert verliert, ist den Wenigsten bewußt.

Selbst zum Denken führt also ein Weg. Ist das Denken dann das Ziel des Weges? Beschreibt Heidegger in seinem „Feldweg" nicht gerade etwas davon völlig Verschiedenes?

Heideggers Feldweg verweist auf seine eigene Heimat, auf seine Jugendzeit, auf die Verwurzelung in der Erdhaftigkeit und Natürlichkeit menschlichen Daseins in dieser Welt. Wer spricht denn heute noch in dieser Weise, wer denkt derart heute noch seiner eigenen Geschichte, seines eigenen Seins? Die Geschichte ist schon längst zur „Biographie" geworden, das Sein zur Selbstverständlichkeit, die Angst um dieses Sein zur schmerzlichen Todesangst, vor der man flüchtet in die Geschäftigkeit einer Welt, die keine Muße mehr zuläßt, die nicht in das Denken, sondern in die Gedankenlosigkeit führt. Haben wir dies wirklich der Technik zu verdanken, die von Heidegger – gleichsam im Vorübergehen – angesprochen wird? Oder zeigt sich darin nicht vielmehr eine durchaus auch menschliche Neigung, sich dem Offenen und Wahren des Lebensweges zu entziehen, die eigene Kreativität der Anpassung an Gegebenes zu opfern, die Antwort auf brennende Fragen zu verweigern, die „Erklärung" dem „Verstehen" vorzuziehen, sich letztlich lediglich als ein „animal rationale" zu sehen, wobei „animal" mehr an Gewicht erhält als „rationale"? *Denkt* denn noch jemand, in einer Zeit der Greuel, der Vernichtung, der tödlichen Verunsicherung? Und wo bleibt die „wissende Heiterkeit", die von Heidegger so eindrücklich gepriesen wird?

Mag sich schon der tätige und in der Alltäglichkeit versinkende (oder „aufgehende") Mensch dem Zuspruch des Feldweges entziehen, so findet er Bundesgenossen in genügender Zahl bei jenen, die sein Geschick bestimmen: bei der Wissenschaft und in der Politik. Das Zeitalter der Technik ist der Höhepunkt der Metaphysik, vermerkt Hans-Martin A. Schönherr in einer Ausgabe der Zeitschrift „Mensch, Natur, Gesellschaft"; die moderne Biologie wird zum „Ereignis". Der Computer ist nicht mehr Werkzeug, sondern darüber hinaus ein „soziales System"; die Medizin ist naturwissenschaftlich, oder sie ist nicht (Ploog), die Psychologie kennt keine Seele, die

Soziologie kümmert sich um Systeme; die Technik, sagt Heidegger anderswo, ist nicht beherrschbar, weil ihr Wesen nichts Technisches ist. Die Gelassenheit als ein Ja- und Nein-Sagen zu ihr gilt wenig.

Ist uns noch zu helfen? Oder müssen wir auf jenen Gott warten, den Heidegger seinerzeit im berühmt-berüchtigt gewordenen „Spiegel-Interview" zur Rettung anrief? Kann die Ökologie den Menschen und seine Welt noch zum „Feldweg" zurückführen, zu jenem Weg, in welchem *Denken* wieder möglich sein wird?

Wozu all diese Fragen, werden Sie mich fragen. Gibt es nicht auch Schönes in dieser Welt? Hat die Menschheit nicht einen gewaltigen Schritt in die Freiheit getan, auch wenn diese Freiheit zunächst noch unsicher und schwer zu ertragen ist?

Gewiß, dies ändert jedoch nichts daran, daß die Fragen an sich bereits eben das Frag-würdige, das einer Frage Würdige, enthält. Denn dort, wo Fraglosigkeit herrscht, hat auch das Denken keinen ihm entsprechenden Platz. Wie sagt doch Heidegger, wiederum anderswo: Das Fragen sei die Frömmigkeit des Denkens.

Denken heißt aber auch danken. In diesem Sinne soll der „Feldweg", auf den wir uns hier beziehen und in welchem uns ein Heidegger begegnet, den wir nicht überall in dieser einfachen Sprache und Klarheit finden, eine Besinnung des Dankes sein, den wir diesem wohl größten Denker unserer Zeit schuldig sind. Dieser Dank soll jedoch nicht nur als An-denken an einen Philosophen gedacht werden, der sich viele Jahre lang, von 1959 bis 1967, mit jenen Fragen beschäftigt hat, die für die moderne Psychiatrie und Psychosomatik, ja für den ganzen Bereich der Psychotherapie ebenso wichtig sind, wie sie im medizinischen Alltag vergessen werden.

Ich habe damals selbst Gelegenheit gehabt, an den von Heidegger in Zollikon/Zürich geführten Seminaren (später als „Zollikoner Seminare“ bekannt und publiziert worden) teilzunehmen, an denen es ihm vor allem darum ging, die jungen Psychiater und Psychologen zum *Denken* anzuregen, sie mit einer anderen Art des Wissens zu konfrontieren als jenes, das sie bereits mit der Muttermilch einer alles seligmachenden Naturwissenschaft aufgesogen und in vielen Prüfungen während ihres Studiums bewähren mußten. So fanden viele von uns einen neuen Zugang zur existentiellen Not unserer Patienten.

Wir leben in einer „bedenklichen“ Zeit, in einer Zeit, die es zu be-denken gilt. Denken und Be-denken kann aber nicht auf der breitgewalzten, technisch vollkommenen Autobahn geschehen, sondern vielleicht eben noch auf einem „Feldweg“.

Lebenswissen

Hartmut von Hentig

Die Apologie des Sokrates

Ihr kennt doch den Chairephon. Er war mein Freund von klein auf, mit euch, den Demokraten, verbunden und ging mit euch aus der Stadt in die Verbannung, wie er auch mit euch wieder zurückgekehrt ist. Ihr wißt, mit welchem Eifer er allem nachging, was er sich vorgenommen hatte. So war er auch, als er einmal nach Delphi gekommen war, so kühn, das Orakel zu fragen ..., ob jemand weiser sei als ich. Die Pythia antwortete: niemand. Das wird Chairephons Bruder bezeugen, da dieser selber tot ist.
Nun behaltet im Sinn, weshalb ich dies sage: Ich will ja erklären, woher die Verleumdungen gegen mich kommen. Nachdem ich diesen Orakelspruch vernommen hatte, fragte ich mich: „Was meint der Gott? Was gibt er da für ein Rätsel auf? Denn ich bin mir bewußt, daß ich weder viel noch wenig weiß. Was also soll das heißen, ich sei der weiseste oder wissendste unter den Menschen? Die Unwahrheit wird der Gott doch nicht sagen; das widerspräche seiner Natur." So war ich lange Zeit unsicher, was der Gott meine. Schließlich – und nicht gerade leichten Herzens – beschloß ich, der Sache folgendermaßen nachzugehen. Ich begab mich zu einem der Männer, die wegen ihres Wissens in hohem Ansehen stehen, um an ihm, wenn irgendwo, das Orakel zu überführen: Hier sei einer klüger als ich. Im Gespräch mit diesem Mann – der Name tut nichts zur Sache, es

war ein Politiker – und bei genauerer Prüfung hatte ich den Eindruck, er komme zwar vielen Menschen, vor allem aber sich selbst klug vor, sei es aber nicht. Als ich versuchte, ihm dies zu beweisen, machte ich mich ihm und vielen der Anwesenden unbeliebt. Bei mir aber dachte ich: Diesem bin ich allerdings an Wissen überlegen. Denn vermutlich weiß keiner von uns beiden etwas Rechtes, er aber bildet sich ein, Wunder weiß was zu wissen, ich hingegen nicht. Um das kleine bißchen also bin ich klüger als er. Daraufhin ging ich zum nächsten derer, von deren Wissen man große Stücke hält, und bekam den gleichen Eindruck. Und so machte ich mir auch ihn zum Feind – und noch viele andere.

Ich setzte meine Suche systematisch fort und mußte zu meiner Betrübnis und Beunruhigung wahrnehmen, daß ich mich überall verhaßt machte. Dennoch schien es mir notwendig, die Sache des Gottes zu betreiben und allem anderen vorzuziehen – zu denen zu gehen, die im Ruf standen, etwas zu wissen, um so herauszufinden, was das Orakel meinte. Und beim Anubis, ihr Männer von Athen, – ich bin doch verpflichtet, die Wahrheit zu sagen – es erwies sich, daß die berühmtesten Leute so gut wie nichts wußten. Leute von geringerem Ansehen zeigten, sagen wir, wenigstens etwas Begabung zur Vernunft. Ja, ich muß euch wohl meine ganze Odyssee schildern.

Nach den Politikern ging ich zu den verschiedensten Dichtern, um gleichsam auf frischer Tat ertappt zu werden als einer, der weniger weiß als sie. Ich nahm mir diejenigen Werke vor, an denen sie offenbar am sorgfältigsten gearbeitet hatten, und fragte sie nach deren Bedeutung, damit ich gleichzeitig auch von ihnen lerne. Es ist mir peinlich, meine Mitbürger, die Wahrheit zu sagen, aber ich muß es wohl. Mit einem Wort,

so gut wie alle Umstehenden konnten besser Auskunft über die Werke geben als die, die sie selber geschrieben hatten. Ich erkannte schnell, daß auch die Dichter nicht aufgrund eines Wissens dichten, sondern aufgrund einer Stimmung oder Eingebung, wie die Wahrsager. Auch diese geben ja vieles und Bedeutendes von sich, verstehen aber nichts von dem, was sie sagen. Ich nahm gleichzeitig wahr, daß die Dichter meinten, aufgrund ihrer Dichtkunst auch in anderen Dingen klüger zu sein als die übrigen Menschen. Und so verließ ich auch sie in dem Gefühl, ihnen in genau dem überlegen zu sein, worin ich den Politikern überlegen war.
Schließlich ging ich zu den Handwerkern. Denn daß ich selbst sozusagen nichts wisse, war mir bewußt, aber bei diesen Leuten würde ich gewiß auf viele gute Kenntnisse stoßen. In dieser Erwartung wurde ich auch nicht enttäuscht. Sie verstanden sich auf vieles, wovon ich nichts verstand, und insofern waren sie mir mit ihrem Wissen überlegen. Aber, meine Mitbürger, die guten Handwerksleute litten an dem gleichen Fehler wie die Dichter: Weil ein jeder seine Kunst trefflich beherrschte, glaubte er, auch auf den anderen, ja den wichtigsten Gebieten Bescheid zu wissen. Und dieser Irrtum machte ihren Vorzug wieder zunichte. Ich fragte mich also im Namen des Orakels, was ich lieber wolle: sein, wie ich bin, ohne das Wissen der Handwerker, aber auch ohne ihren Unverstand, oder beides mit ihnen teilen. Ich antwortete mir und dem Orakel, es sei besser für mich, der zu sein, der ich bin.

Aus dieser Prüfung, ihr Männer von Athen, sind mir heftige und nachhaltige Feindschaften erwachsen. Man hat mich verleumdet und mir nachgesagt, ich sei ein „Weiser“. Denn die Leute, die dabei sind, wenn ich andere ausfrage, meinen immer, ich wisse das, wonach ich frage. In Wahrheit aber ist wohl nur der Gott wissend und will mit dem Orakelspruch sagen, daß menschliches Wissen wenig oder nichts tauge. Ja, er meint offenbar nicht den Sokrates, sondern bedient sich nur meines Namens als eines Beispiels, um zu sagen: „Derjenige unter euch Menschen ist der weiseste, der wie Sokrates erkannt hat, daß sein Wissen in Wahrheit nicht der Rede wert ist."

Diese Sache verfolge ich, dem Gott gehorchend, weiter und prüfe jeden, der den Anschein erweckt, ein Wissender zu sein, sei er nun ein Bürger unserer Stadt oder ein Fremder. Ich komme dann dem Gott zu Hilfe und beweise, daß er kein Wissender ist. Und wegen dieser Tätigkeit habe ich keine Zeit, mich den Angelegenheiten der Stadt oder den eigenen Geschäften in nennenswertem Umfang zu widmen, sondern lebe in Armut um dieses Gottes-Dienstes willen.

Nun könnte einer kommen und sagen: „Schämst du dich nicht, Sokrates, einer Tätigkeit nachzugehen, bei der du riskierst, zum Tode verurteilt zu werden?" Dem würde ich doch mit Recht antworten: „Du solltest dich schämen, wenn du meinst, ein Mann, der auch nur etwas auf sich hält, werde sich auf gefährlichem Posten fragen, was ihm das Leben rette, und nicht vielmehr, was Recht oder was Unrecht ist."

Wenn ihr mich freisprechen wolltet und sagtet: „Du kannst gehen unter der Bedingung, daß du aufhörst, die Menschen mit deiner Wahrheitsprüfung zu belästigen. Andernfalls mußt du sterben!", dann würde ich antworten: „Ihr seid mir lieb und wert, ihr Männer von Athen, aber ich werde dem Gott mehr gehorchen als euch, und solange ich atme und solange ich dazu in der Lage bin, werde ich weiter der Wahrheit nachgehen – philosophieren –, euch zusetzen und euch aufklären und jedem, dem ich begegne, wie gewohnt sagen:

‚Wie, mein Bester, du bist aus Athen, einer durch ihre Größe und Weisheit berühmten Stadt, und schämst dich nicht, nach Reichtum, Ruhm und Ehren zu streben, um Vernunft aber und Wahrheit und darum, daß deine Seele möglichst gut werde, kümmerst du dich nicht!' Und wenn er dies bestreitet und behauptet, er kümmere sich sehr wohl darum, dann werde ich ihn nicht gleich ziehen lassen, sondern ich werde ihn ausfragen und ihm keine Prüfung ersparen ... Ob ihr mich freisprecht oder nicht: das zu tun werde ich nicht aufhören, und müßte ich viele Tode sterben."

(Platon: Die Apologie des Sokrates, 21a–23c; 28b–30c mit Auslassungen; eigene Übersetzung)

Im Jahr 399 vor Christus wurde Sokrates vom Volksgerichtshof seiner Vaterstadt Athen zum Tode verurteilt. Die Anklage lautete: „Sokrates vergeht sich wider die Gesetze und treibt Unfug, indem er untersucht, was unter der Erde und am Himmel geschieht, die schlechte Sache zur guten macht und andere diese Dinge lehrt." Mit dieser Anklage wird der Aufklärung der Prozeß gemacht – vor 2400 Jahren wie heute.

„Untersuchen, was unter der Erde und am Himmel geschieht" steht für die Wissenschaft, die nicht an den Grenzen haltmacht, die Herkommen und Pietät („die Furcht vor den Göttern") ihm setzen.

„Die schlechte Sache zur guten machen" – zunächst die Advokatenkunst, den Klienten vor Gericht unschuldig erscheinen zu lassen – steht für die Auflösung der Werte durch das Argument von ihrer unterschiedlichen Wahrnehmung, also für Relativismus.

„Andere diese Künste lehren" steht zugleich für die Käuflichkeit solcher Wahrnehmung und für die Verfüh-

rung insbesondere der Jugend zu Übermut und Aufsässigkeit.

Das, was den Text über die Jahrtausende hinweg so erregend und belehrend macht, ist, daß der Angeklagte gegen die Anklage in Schutz genommen, der Gegenstand der Anklage aber – die Aufklärung – bestätigt wird.

Daß die Ankläger Sokrates für einen gefährlichen, gar für den gefährlichsten Sophisten hielten, war ein Irrtum, aber erst recht, daß einer wie er von der Suche nach Wahrheit, von Aufklärung durch Beobachten und Denken, ablassen könne. Es ist der, mit Verlaub, weltgeschichtliche Sinn dieses Textes, daß wir Nachgeborenen wieder und wieder lernen, auf welches „Wissen" es ankommt.

Das Orakel hat nicht gesagt, Sokrates sei der „Weiseste", der also, der in löblicher Bescheidenheit „weiß, daß er nichts weiß". Es hat auch nicht gesagt, er „wisse mehr" als andere. Es hat einen von Sokrates gesetzten Maßstab für die geistige Tätigkeit des Menschen bestätigt. Für diese benutzt Platon hier wenigstens fünf verschiedene Wörter: Die beiden am meisten verwendeten sind *eidenai*, das ich mit „wissen" wiedergebe, und *sophos einai*, das ich „weise sein", und *sophian echein*, das ich „Weisheit haben" übersetze – und beide Male nicht recht treffe. *Sophos* ist einer, der eine Sache versteht. *Sophia* ist diese Fähigkeit. Beide Wörter lassen sich ohne Nennung des Gegenstandes benutzen, auf den sie sich beziehen, anders als die deutschen Wörter „wissend" oder „kundig". Da muß hinzugesagt werden, worin. Der Komparativ und der Superlativ – *sophoteros* und *sophotatos* – können nicht mit „einer, der mehr weiß" und „einer, der am meisten weiß" übersetzt werden – man wäre ratlos, in bezug worauf. Benutzt man stattdessen die Wörter „weiser" und „am weisesten“, landet man wieder bei einem moralischen Urteil.

Kurz: Es geht bei dem Urteil des Orakels weder um „mehr wissen über ein X“ noch um „größere Verständigkeit/Lebenserfahrung/Mäßigung“. Platon bezeichnet in der Gegenüberstellung von Orakel und Anklage die Schwierigkeit, in die der Intellekt gerät, wenn er sich von der Moral löst, oder positiv: die Stelle, an der Erkenntnis/Verstand zu Vernunft wird.

Der Text faßt in wenigen Sätzen zusammen, was das Platonische Werk in vielen Bänden sorgfältig auseinanderlegt. Offensichtlich war es auch für die Griechen nicht einfach zu verstehen, was dem Sokrates die „Erkenntnis“ so wichtig machte, daß er sein Leben dafür zu lassen bereit war, und das „menschliche Wissen“ so unwichtig, daß er vorzog, es nicht zu haben. Es kommt, so läßt er uns wissen, auf die *Weise* an, in der man etwas weiß.

Ich erkläre es an einem hier buchstäblich naheliegenden Beispiel: Ein Schüler lernt, daß Sokrates ein griechischer Philosoph war und im ersten Jahr des vierten Jahrhunderts vor Christus zum Tode verurteilt wurde, weil er die Götter leugnete. Bis dahin ist dies „bloßes Wissen“ oder „Bescheidwissen“. Auch weitere Einzelheiten – sein Alter, der Wortlaut der Anklageschrift, die Zahl der für und gegen ihn abgegebenen Stimmen – ändern daran nichts. Aber wenn der sich aufgrund dieser „Geschichte“ fragt, für welche Überzeugung er selber zu sterben bereit sei, und wenn es ihn beunruhigt, daß er keine solche hat, ja, wenn er dann die „Apologie“ zur Hand nimmt und beim Lesen überlegt, wie er wohl dem Sokrates auf die Frage geantwortet hätte: „Nun, mein Lieber, was treibst und trachtest du und warum?“ – wird daraus Lebenswissen, eine zu fortwährender Prüfung und Selbstprüfung anstiftende *philo-sophia*.

Absolutes Wissen können Menschen überhaupt nicht haben. Taugliches Wissen gibt es von praktischen Dingen: wie man Pferde züchtet, mathematische Beweise führt, Staatsverträge ordnungsgemäß schließt. Wissen von den wichtigsten Dingen – vom guten Leben, von der guten polis, von der Gerechtigkeit und der Wahrheit – wird einem nur in der ständigen und systematischen Bemühung darum zuteil: in einer Annäherung. Die aber muß man rigoros suchen, und das läßt dem philo-sophos keine Zeit für andere Dinge, die daran gemessen überflüssig erscheinen.

Die Anklage kehrt sich in der Tat in ihr Gegenteil um: Nur Sokrates ehrt die Götter, indem er dem Unbekannten nachgeht – an einer Stelle freilich, an der wir es nicht vermuten: im Bekannten. Nur Sokrates läßt die gute Sache auch gut erscheinen. Nur Sokrates lehrt die Jugend, was sie braucht: indem er sie prüft, sie ernsthaft neugierig macht – auf die schwierigen Fragen und Widersprüche –, sie nicht vollstopft mit Antworten auf Fragen, die sie nie gestellt haben.

Das, was man wissen kann, soll man untersuchen, nötigt es doch immer zu den Fragen: Wieso kann ich es? Wozu soll ich es können – lohnt es, darüber die anderen Fragen zu vernachlässigen?

Ich bin von Beruf Lehrer und Forscher, einer der nach herkömmlicher Vorstellung „Wissen" hervorbringt und vermittelt. Die „Apologie" des Sokrates hat mich früh gelehrt und seitdem nicht vergessen lassen, daß dieses Wissen eitel und unnütz ist – und allenfalls sophistische Vorteile verschafft –, wenn es nicht die Probe jener Fragen besteht.

Indem dieser Text meinem Wissen den sicheren Boden wegzieht, trägt er meinen Beruf und mich.

Gebet des Franziskus von Assisi

Oskar Koller

O HERR,
mache mich zum Werkzeug Deines Friedens.
Daß ich Liebe übe, wo man sich haßt,
daß ich verzeihe, da, wo man sich beleidigt,
daß ich verbinde, da, wo Streit ist,
daß ich Hoffnung wecke, wo Verzweiflung quält,
daß ich ein Licht anzünde, wo die Finsternis regiert,
daß ich Freude bringe, wo der Kummer wohnt.

ACH HERR,
laß Du mich trachten
nicht, daß ich getröstet werde,
sondern daß ich tröste,
nicht, daß ich verstanden werde,
sondern daß ich verstehe,
nicht, daß ich geliebt werde,
sondern daß ich liebe;
denn wer dahingibt, der empfängt,
wer sich selbst vergißt, der findet,
wer verzeiht, dem wird verziehen,
und wer da stirbt, der erwacht zum ewigen Leben.
AMEN

Franziskus von Assisi

Kurz nach dem Zweiten Weltkrieg, es war eine Zeit großer innerer Auseinandersetzungen, bekam ich zufällig das Gebet des Franziskus von Assisi in die Hände, gedruckt auf einer Postkarte.

Ich wurde von diesem Gebet tief berührt. In diesen wenigen Zeilen geht es nie um die Frage nach dem Befinden des eigenen Selbst, sondern immer um die grenzenlose Hinwendung zum Nächsten. Mit jedem Satz wird dazu aufgerufen, nicht ein Empfangender zu sein, sondern ein Gebender. Das Gebet ist so umfassend und offen, daß es für alle Menschen, gleich welcher Religionszugehörigkeit, gelten kann.

Wenn ich mich in größeren Zeitabständen an dieses Gebet erinnere, so wirkt es immer wieder neu als Aufforderung, diese Haltung des Franziskus ins tägliche Leben einfließen zu lassen.

Der rote Faden

Philip Rosenthal

Der rote Faden

Für welchen Beruf auch immer, Ihre innerliche Verpflichtung muß so tief sein, daß Sie nie von Ihrem Ziel abgelenkt werden können. Wie oft auch der Faden aus Ihrer Hand gerissen wird, müssen Sie genug Geduld entwickeln, daß Sie ihn immer wieder anknüpfen.

Handeln Sie so, als ob Sie ewig leben würden, und planen Sie weit nach vorne. Damit meine ich, daß Sie sich ohne Zeitgrenzen verantwortlich fühlen müssen, und die Frage, ob Sie noch auf dieser Welt sind, um die Resultate zu sehen, darf von Ihnen überhaupt nicht gestellt werden. Wenn Ihr Beitrag wesent-lich war, dann wird immer jemand dort wieder anfangen, wo Sie aufgehört haben, und das wird Ihr Anspruch auf Unsterblichkeit sein.

Walter Gropius

Diese Worte von Walter Gropius haben mich sehr bestätigt und angeregt in der Erkenntnis, daß man im Leben suchen muß

1. das, an was man glaubt;
2. wozu man davon einen Beitrag leisten kann;
3. nie aufgeben.

Zum Beispiel gemeinsam mit Gropius die Wichtigkeit auch unserer gestalteten Umwelt, beginnend von unserer Kleidung, über die Ausstattung unserer Wohnräume, unserer Häuser, bis zu Fabriken und Städten. Deshalb haben wir bei Rosenthal uns überlegt, daß auch eine Fabrik nicht nur ein Nutzgebäude ist, sondern auch den Menschen, die drinnen arbeiten oder es von außen sehen, etwas Menschliches gibt.

Zum Beispiel bei der Porzellanfabrik „Rosenthal am Rothbühl" in Selb ging Gropius davon aus, daß die Arbeiterinnen an ihren Tischen immer eine Vase mit Blumen oder einen Blumentopf hatten. Aber weil dies bei der Mechanisierung der Arbeit nicht mehr möglich war, baute er mitten in die Fabrik, aber sichtbar von allen Seiten, ein Gewächshaus mit tropischen Pflanzen, wo die Flamingos, die im Sommer über den Fabrikhof spazieren, überwintern.

Oder bei der Glasfabrik in Amberg führte die Notwendigkeit des Abzugs der heißen Luft zu einer architektonischen Lösung, die am besten beschrieben ist durch den Namen, mit dem man sie jetzt nennt: DIE GLASKATHEDRALE. Das haben wir dann auch weitergemacht zur Belebung der Werke in Selb:

Einmal das HUNDERTWASSER-Haus, wo nicht nur auf dem Dach, sondern auch aus den Fenstern Bäume wachsen, verbunden mit extra dafür entwickelten Silberkacheln. Oder: Otto Piene hat eine alte Fabrik mit bunten Regenbogen bemalt. Und heute sprechen die Selber nicht mehr von der Rosenthal-Fabrik, sondern vom REGENBOGEN-Haus (also weg von der Anonymisierung), oder nennen unser Verwaltungsgebäude das SPIEGEL-Haus (gestaltet von Marcello Morandini).

Das andere Thema, wo ich versucht habe und immer noch versuche, den „roten Faden" nicht zu verlieren, ist die Beteiligung der Arbeitnehmer durch Mitbestimmung und Mitbesitz statt des ineffizienten Ostsozialismus oder des noch immer ungerechten Kapitalismus. Das machen nachstehende Zahlen ganz deutlich: Von 1982 bis 1992 ist das Einkommen der Deutschen nach Steuern um 72 % gestiegen; das der Arbeitnehmer aber nur um 52,1 %, das der Besitzenden aber um 121,4 % (5 % der Deutschen besitzen inzwischen 90 % des Produktivkapitals!. Und inzwischen weiß jeder nicht-wirtschaftspolitische Amateur, daß dies nicht durch Nominallohnsteigerungen (die erhöhen nur die Preise), sondern nur durch Investivlohn (die Beteiligung der Arbeitnehmer an den Unternehmen) zu ändern ist.

Zum Beispiel die Arbeitnehmer, die ab 1964 bis 1990 bei Rosenthal für Aktien und Investmentzertifikate DM 5.000 ausgegeben haben, haben inzwischen an Dividenden und Aktien DM 40.000 bekommen und besitzen 9 % des Aktienkapitals.

Diese Demokratisierung der Wirtschaft steht zwar sogar in meinen Worten „Beteiligung am Haben und Sagen" in den SPD-Programmen, aber schlimm und traurig, daß die Politiker – immer mit sicher auch wichtigen Augenblicksproblemen beschäftigt – in dieser wirtschaftlich und menschlich so wichtigen Sache so wenig tun.

Dann, die Lebensqualität betreffend, ein paar Auszüge aus dem Rubaiyat des mittelalterlichen persischen Dichters Omar Khayyám. (Dichten kann ich nicht, aber hier meine Übersetzung dazu):

Rubaiyat

Here with a Loaf of Bread beneath the Bough,
A Flask of Wine, a Book of Verse – and Thou
Beside me singing in the Wilderness –
And Wilderness is Paradise enow.

Hier, mit etwas Brot unterm Zweig,
Einer Flasche Wein, Gedichten – und Dir,
Die neben mir in der Wildnis singt –
Und die Wildnis ist Paradies genug.

Ah, my Beloved, fill the Cup that clears
„To-day« of past Regrets und future Fears –
To-morrow? – Why, To-morrow I may be
Myself with Yesterday's Sev'n Thousand Years.

Ach, meine Liebste, füll den Becher. Er klärt das
„Heute« von vergangener Reue und von Zukunfts-ängsten –
Morgen? – Morgen bin ich vielleicht selbst
Mit denen vom Gestern 7000 Jahre.

Ah, make the most of what we yet may spend,
Before we, too, into the Dust descend;
Dust into Dust, and under Dust, to lie,
Sans Wine, sans Song, sans Singer, and – sans End!

Ach, tu' das meiste von dem, was wir noch genießen können,
Bevor wir auch hinabsteigen in den Staub.
Staub in den Staub und unter Staub zu liegen,
Ohne Wein, ohne Gesang, ohne Sänger und – ohne Ende!

The Moving Finger writes; and, having written,
Moves on: nor all the Piety nor Wit
Shall lure it back to cancel half a Line,
Nor all the Tears wash out a Word of it.

Der eilige Finger schreibt und hat geschrieben,
Er bewegt sich weiter: weder deine Frommheit noch dein Witz

Können ihn verlocken, auch nur eine halbe Zeile zu löschen,
Noch alle deine Tränen, ein Wort zu tilgen.

Myself when young did eagerly frequent
Doctor and Saint, and heard great Argument
About it and about: but evermore
Came out by the same Door as in I went.

Ich selbst hab' oft, noch jung, manchen Doktor,
Manchen Heiligen besucht; und habe große Worte gehört,
Darüber und warum: aber meistens kam ich wieder
Zum gleichen Tor heraus, durch das ich eingetreten war.

VII

Die leisen Töne des Lebens zu hören

Helmut Ammann: Stille und Vertrauen, 1985.

Geheime Grundstrukturen und sonderbare Konjunkturen des Zufalls

Helmut Ammann

Der Lehrling

Mannigfache Wege gehen die Menschen. Wer sie verfolgt und vergleicht, wird wunderliche Figuren entstehen sehen. Figuren, die zu jener großen Chiffrenschrift zu gehören scheinen, die man überall, auf Flügeln, Eierschalen, in Wolken, im Schnee, in Kristallen und in Steinbildungen, auf gefrierendem Wasser, im Innern und Äußeren der Gebirge, der Pflanzen, der Tiere, der Menschen, in den Lichtern des Himmels, auf berührten und gestrichenen Scheiben von Pech und Glas, in den Felsspänen um den Magnet her, und sonderbaren Konjunkturen des Zufalls erblickt. In ihnen ahndet man den Schlüssel dieser Wunderschrift, die Sprachlehre derselben, allein die Ahnung will sich selbst in keine feste Form fügen, und scheint kein höherer Schlüssel werden zu wollen. Ein Alkahest (Anm.: nach Paracelsus das angebliche Universal-Lösungsmittel für alle Stoffe) *scheint über die Sinne der Menschen ausgegossen zu sein. Nur augenblicklich scheinen ihre Wünsche, ihre Gedanken sich zu verdichten. So entstehen ihre Ahndungen, aber nach kurzen Zeiten schwimmt alles wieder, wie vorher, vor ihren Blicken …*

Novalis

Ohne Zweifel gehören die Künstler zu denjenigen Menschen, die ein besonderes Sensorium für die Rätselsprache haben, von der Novalis berichtet. Entsprechend dem in ihnen angelegten Kompositionstalent finden sie Zusammenhänge, die sie in allen nur möglichen Materialien sichtbar und tastbar zu machen suchen.

Ich glaube, daß jede Produktion, die auf eine Gestalt hinzielt, sich aus einer Grundstruktur entwickelt, ob dies nun bewußt oder unbewußt geschieht. Wir alle kennen gestaltträchtige geometrische Formen, die wir als Bausteine der Schöpfung betrachten können und die zu jener großen Chiffrenschrift unseres Novalis-Textes gehören. Aber in dieser ist Gestalt noch nicht feste Form, sondern offene Tür zum Ganzen. Als gegangene und erlebte Spur wird sie zum Zeichen und Siegel für dieses Gehen. Die Suche nach dem Grundmuster, nach der ursächlichen Struktur aller Erscheinungen, das Sich-Einschwingen in das Gefüge, und das Sichtbarmachen solcher Zusammenhänge: Das ist es, wofür ich brenne. Dieses Unterwegssein bestimmt alle Verschiedenheiten im Tun; Gestalt ist Vielgestalt, weil sie das Ganze ist.

Als Vielgestalt drückt sie sich in Beziehungsformen aus. So gesehen ist Gestalt voller Dynamik, und die Welt dynamisch zu erleben scheint mir ein besonderes Charakteristikum unserer Zeit zu sein. Genau darin besteht das, was ich mit Beziehungswirklichkeit bezeichne: Es ist die eigentliche Wirklichkeit, um die es geht, die es aufzuspüren und zu gestalten gilt zwischen Mensch und Mensch, als Gleichnis auch zwischen Form und Form. Das sind die wahren Bindekräfte und Brücken der Gestalt. Sie sind nicht greifbar und nicht faßbar, aber transparent vorhanden und spürbar.

Im Zusammenhang mit dieser neuen „Beziehungswirklichkeit" wird deutlich, wie sehr sich unser Sehen seit dem vergangenen Jahrhundert verändert hat. Wir haben eine andere Perspektive gewonnen. Schon wenn wir über eine Landschaft fliegen, zeigen sich Entsprechungen. Wir sehen sie dann in Strukturen, in ihrem Gefüge, in ihrem Geschiebe aus gegensätzlichen Schraffuren, in rhythmischen Wellenbewegungen. Zusammengefaßt möchte ich sagen: Wir haben ein neues Strukturbewußtsein gewonnen auf allen Gebieten.

An dieser Stelle möchte ich erwähnen, daß es in geschichtlichen Epochen über lange Zeitstrecken hinweg eigentümliche Gestaltzwänge gibt, wie z. B. eine bestimmte S-Kurve als Grundstruktur von Madonnenskulpturen, oder das Fischblasenmuster in den Maßwerken der Gotik, das ursprünglich aus dem Orient gekommen ist – oder der barocke Zwang zur Aussprengung von Portalbögen, Dachgesimsen und Deckengewölben. Unermeßlich ist die Auswirkung von Grundstrukturen und Zahlenverhältnissen auf dem Gebiet der Ornamentik.

Erfinden – das wird bei diesen Hinweisen deutlich – heißt zugleich Wiederfinden, und Wiederfinden heißt die Anfänge ernst nehmen, also die Bausteine der Schöpfung, von denen wir sprachen.

Um die Jahrhundertwende kamen unabhängig voneinander einige bedeutende Künstler aus innerer Notwendigkeit dazu, sich auf einfache Urformen zu besinnen, die zu Grundkonzeptionen ihrer Arbeit wurden. Ich nenne nur wenige Namen: Cézanne, Rückführung der Zeichnung auf kubische Formen – Brancusi: Kugel und Ei in geschliffenem Metall – Franz Arp mit abgerundeten Formen ähnlicher Tendenz usw. Sie entdeckten die Fülle des Einfachen. Ich nenne auch van Gogh, weil bei ihm geradezu mit elementarer Gewalt bis in den Pinselstrich hinein strukturelle Erlebnisse durchbrechen. Henry Moore wurde von Knochenfunden und von durchbrochenen Kieseln am Strand inspiriert, wobei ihm das Verhältnis von Form und Hohlraum zum großen, unserem Zeitausdruck mitbestimmenden Thema wurde.

Es wäre interessant, unter diesem Aspekt auf weitere Beispiele hinzuweisen, was aber den gebotenen Rahmen für diese Ausführungen sprengen würde.

Ich selbst kenne aus eigener Erfahrung als Bildhauer und Graphiker den verlockenden, spielerischen Zwang, – gleichsam stenogrammartig bildnerische Strukturelemente wie Netz, Geflecht, Faltungen, Schlingen oder Schleifen, Kreis und Strahl, gegenläufige Schraffuren, Überschneidungen, Spirale, Gitter und so fort aufzeichnen oder in räumlichen Gebilden fixieren zu müssen, die, wenn das einmal geschehen ist, mir im Gedächtnis bleiben, sozusagen zum Abruf bereit, wenn ein diesbezüglicher Bild- oder Formgedanke auftaucht. Da gibt es dann ein seltsames Funktionieren von Beziehungswirklichkeiten zwischen Grundstruktur und Gestaltfindung, worin das Eigentliche geschieht.

Dieses Eigentliche liegt vor allem in einer Lust am Spielen mit all den möglichen, wahrgenommenen Gestaltungselementen.

Es ist wie im Märchen. Nur dem Absichtslosen gelingt es, den Schatz zu finden, die „blaue Blume“, um die alles Leben kreist.

Der abendländische Mensch hat im allgemeinen Mühe, sich auf diesen Weg einzustellen. Er faßt sein Ziel fest ins Auge, er zielt, um zu treffen, er sucht, um zu finden. Der Wille bestimmt sein Tun. Er kennt nicht den beglückenden anderen Weg des absichtslosen Entdeckens und spielerischen Wahrnehmens, den des Novalis, dessen Einsichten mit denen östlicher Denkweisen vielfach übereinstimmen entsprechend dem taoistischen Spruche: „Wollen ohne Wollen wollen.“

So kann es zum Beispiel unverhofft geschehen, daß schon ein kleines Stück Baumrinde am Wegrand mir bedeutsam wird in seiner Schichtung, die mich lockt, mit dem Taschenmesser eine Art Runenzeichen hineinzuschneiden; oder ich finde einen bemoosten Zweig von seltsamer Formation, oder ein Steinchen, das ich mit der Hand umfassen kann, um seine Form auf mich wirken zu lassen. Und der eigentümliche Magnetismus zwischen dem geheimnisvollen Gefüge des gefundenen Stückes und der träumenden Seele, die nach Gestalt dürstet, setzt dann ein.

Erstaunliche Verwandlungen geschehen: Drei kleine Mosaiksteinchen von verschiedener Farbigkeit in die Handfläche gelegt, ergeben einen Akkord, der zwingend einen neuen anfordert, und so in spielerischer Folgerung findet sich, was zueinander gehört, und es entstehen Spuren eines größeren Zusammenhanges.

Aus dem Spiel wird auf einmal Ernst. So könnte man sagen: Das Spiel ist das Herz des Ernstes, und der Ernst ist das Herz des Spieles. In den Zeremonien des Spieles liegen – wie in den „sonderbaren Konjunkturen des Zufalls" aus dem Novalistext – die Signaturen des Lebens wie Keimzellen, aus denen es sich jederzeit erneuern kann, wenn der schöpferische Blick eines Menschen sie erweckt.

Ein Bündel bestürzender Rätsel

Walter Helmut Fritz

Ich stelle mir vor oder erinnere mich, beides läuft vielleicht am Ende auf das gleiche hinaus , wie ich an einem Sommertag ein zerfallenes Gehöft betrete: Plötzlich sehe ich, auf der Mauer, eine Eidechse. Ich habe sie überrascht, erschreckt: Reglos sitzt sie da. Und auch ich, der in Gedanken ging, bin wie gebannt. Ich betrachte die Eidechse, ich erkenne ihre besonderen Merkmale, wie man sagt, und ich sehe auch den schmalen Hals, das graue Gesicht, das leise pochende Herz. Was weiter? Mehrere Wege stehen mir offen. Ich kann, was meine Wahrnehmung mir vermittelt, analysieren und derart, auf die Erfahrung anderer mich stützend, dieses kleine Leben da vor mir im Geiste für sich nehmen, es von den übrigen Gegebenheiten der Welt absondern, es, wie das Wort der Prosa täte, einordnen und zu mir sagen: eine Eidechse, dann meinen Spaziergang fortsetzen, immer noch zerstreut, der Begegnung nicht auf den Grund dringend. Doch sind auch andere, diesem Grund näherführende Verhaltensweisen möglich. So kann ich etwa die Augen auf die Eidechse geheftet halten, bei den Einzelheiten verweilen, die hinreichend waren, sie zu erkennen, kann glauben, meine Untersuchung fortzusetzen, die sie mehr und mehr zu einer *Eidechse macht, das heißt zu einem wissenschaftlichen Gegenstand, einer von meiner Vernunft durchformten und von Sprache durchdrungenen Realität, dies alles aber, in einem jähen Umschlag, um unter diesen plötzlich gleichsam vereinzelten Teilaspekten ... nichts mehr zu gewahren als ein Bündel bestürzender Rätsel.*

Yves Bonnefoy

Es ist eine bekannte Erfahrung, daß sich uns etwas desto mehr entzieht, je genauer wir es zu fassen suchen. Oder anders: Je mehr wir etwas zu verstehen meinen, desto übergangsloser, plötzlicher kann es sein, daß wir es nicht mehr verstehen. Nicht umsonst warnt Paul Valéry seine Leser und Hörer wiederholt: Bitte, verstehen Sie mich nicht zu rasch.

Der zeitgenössische französische Schriftsteller Yves Bonnefoy, bedeutender Lyriker und Essayist – in seinem Denken u. a. geprägt durch seine Beschäftigung mit Mathematik, Philosophie, Kunst – spricht in den zitierten Sätzen von etwas, was wir alle jederzeit erleben können, wenn wir nur bereit, offen, aufmerksam genug sind, um im scheinbar ganz vertrauten, alltäglichen, einfachen Ding oder Vorgang, in jeder noch so selbstverständlich anmutenden Erscheinung das erwähnte Bündel bestürzender Rätsel wahrzunehmen.

Ich kann den Abschnitt zugleich lesen als Hinweis auf eine mögliche innere Nähe von Literatur und Wissenschaft. In einem solchen Zusammenhang ließe sich an Montesquieu denken, der den erstaunlichen Satz schrieb: „Sämtliche Naturwissenschaften streben hin zur Literatur." Inwiefern? Montesquieu war der Überzeugung, daß die Fülle der wissenschaftlichen Erkenntnisse zu einer Desorientierung führe, die erst in der Literatur wenigstens für Augenblicke wieder aufgehoben werden könne.

Nicht minder überraschend eine Stimme aus unseren Jahren: In seinem „Garten des Menschlichen" veröffentlichte Carl Friedrich von Weizsäcker eine Interpretation von Goethes Gedicht „Wiederfinden". In der Einleitung, in der er einen Überblick über den Band gibt, fragt Weizsäcker, warum er in sein Buch (in dem er u. a. über den Menschen im naturwissenschaftlich-technischen Zeitalter, über die Frage nach dem Subjekt in der Physik, über biologische Präliminarien zur Logik spricht) die Deutung eines Liebesgedichts von Goethe einfügt. Seine Antwort: „Vielleicht wollte ich zeigen, daß Naturwissenschaft und Liebeslyrik, wenn man sie nur versteht, genau dieselbe Sache sind."

Auch dies ist eine Bemerkung, die auf eine Voraussetzung dessen deutet, was Bonnefoy beschäftigt: Wir können als Schriftsteller die Eidechse aufleuchten lassen in einem Gedicht, einer Erzählung oder als Wissenschaftler ihre Arten, Lebensweisen, Paarungsgewohnheiten usw. erfassen vor dem Geheimnis der Erscheinung als solcher erkennen wir uns wieder in dem Wanderer, der auf einer Mauer das reglose Tier sieht und plötzlich nichts anderes mehr in ihm wahrnehmen kann als ein Bündel bestürzender Rätsel. In solcher Wahrnehmung und daraus erwachsender Nachdenklichkeit, Meditation, erreichen Literatur und Wissenschaft ihre größte gegenseitige Nähe.

Warum der Text von Yves Bonnefoy mich „trägt"? Meine persönliche Erfahrung: Ich „behalte" ihn. Er verändert den Blick, das Verhalten dem gegenüber, was mich umgibt. Er ist exemplarisch, ein Beispiel dafür, daß konzentrierte Aufmerksamkeit helfen kann, Zerstreutheit, Beliebigkeit, Überdruß zu überwinden. Ich erkenne in ihm einen Menschen, dessen Art, etwas unverstellt, intensiv wahrzunehmen, unmittelbar überzeugt.

Golden blüht der Baum der Gnaden

Hans-Georg Gadamer

Ein Winterabend

Wenn der Schnee ans Fenster fällt,
Lang die Abendglocke läutet,
Vielen ist der Tisch bereitet
Und das Haus ist wohlbestellt.

Mancher auf der Wanderschaft
Kommt ans Tor auf dunklen Pfaden,
Golden blüht der Baum der Gnaden
Aus der Erde kühlem Saft.

Wanderer tritt still herein;
Schmerz versteinerte die Schwelle.
Da erglänzt in reiner Helle
Auf dem Tische Brot und Wein.

Georg Trakl

Das schöne Gedicht von Georg Trakl ist besonders durch einen Vortrag berühmt geworden, den Martin Heidegger vor Jahrzehnten auf der Bühler Höhe im Anschluß an dieses Gedicht gehalten hat. Es ist eben nicht nur die dichterische Phantasie Friedrich Hölderlins und seine Anlehnung an die griechische Mythologie, was dem Denker. Heidegger die Zunge gelöst hat. Die Gedichte Trakls gehörten gewiß auch bereits seit Heideggers Jugendzeit in seine nächste Nähe und auch gerade wegen der Sprachbehandlung, die etwas von der Ausdrucksdichte des Zeitalters des Expressionismus mit dem späten Hölderlin gemeinsam haben.

Wenn ein Denker vom Format Heideggers Dichtungen heranzieht, um an ihnen seine Gedanken mitteilbar zu machen, geht es ihm gewiß nicht in erster Linie um die Stimme des Dichters, sondern um das, was zu seinen eigenen gedanklichen Visionen stimmt. So kommt es zu den sogenannten Gewaltsamkeiten, die der Einzelerklärung oft im Wege stehen.

Und dabei erinnere ich mich des Heideggerschen Vortrages aus der Ferne der Jahrzehnte noch sehr genau. Es war etwas Zwingendes. So sehr auch dieses Gedicht durch Heideggers Ausdeutung gleichsam überladen wird, hat er doch die Urstimmung des Traklschen Gedichtes auf einzigartige Weise zu Worte gebracht, wenn er von dem „Läuten der Stille“ spricht. Solange die Kritiker Heideggers nicht imstande sind, ihrerseits den Vollzug dichterischen Lesens durch ihre scharfsinnige wissenschaftliche Arbeitsweise zu bereichern, statt ihn zu hemmen oder gar zu ersticken, so lange muß ich als ein Freund von Dichtung, aber auch als sorgsamer Interpret jedermann warnen, der glaubt, weil er die Gewaltsamkeiten und Fehlerhaftigkeiten des Interpreten Heideggers erkennt, daß er imstande sei, der Sache Richtigeres abzugewinnen.

Mein eigener Beitrag hat nur den bescheidenen Wunsch, eines der schönsten Gedichte Trakls noch genauer einem ersten Verständnis zu öffnen. Dabei wird es eine Rolle spielen, daß eine erste Fassung des Gedichtes noch sehr anders gelautet hat. Da heißt es statt „Golden blüht der Baum der Gnaden …“

„Seine Wunde voller Gnaden
Pflegt der Liebe sanfte Kraft.
O! des Menschen bloße Pein.
Der mit Engeln stumm gerungen,
langt von heiligem Schmerz gezwungen
Still nach Gottes Brot und Wein.“

Es lohnt, die Vorstufe, auf die auch Heidegger in seinem berühmten Aufsatz immerhin hinweist, ins Gespräch zu ziehen. Zwar hat die Gestaltwerdung des Ganzen in dieser Vorfassung noch nicht die dichterische Wirklichkeit gefunden. Gewiß ist auch hier von dem allgemeinen Menschenlos die Rede, von Not und Pein und von der Hilfsbedürftigkeit der Kreatur, die Heilung sucht. Beim Eintritt in den lichten Raum, wo er die Tafel mit Brot und Wein erblickt, klingt es wie das Angebot von Vergebung und Versöhnung und erscheint wie die Annahme der Gnadenmittel der Kirche.

Nun wäre es sicher verkehrt zu leugnen, daß diese sakramentale Seite von Brot und Wein und ihr Bereitstehen für jeden Wanderer, der da kommt, überhaupt nicht im Blick stünde. Aber in der späteren Vollendung des Gedichtes sprechen die Verse „Golden blüht der Baum der Gnaden …" viel unmittelbarer und müssen ganz sinnlich gesehen werden.

Was dem Wanderer, der auf dunklen Pfaden durch die Winternacht sich naht, wie eine gnadenvolle Einladung zu Obdach und Stärkung erscheint, das ist ein Lichtbaum, der aus der Erde kühlem Saft, dem Erdöl, der so traulichen Petroleumlampe früherer Zeiten, Aufnahme verheißt. Es ist die goldene Tröstung des Lichtes, das in der dunklen Nacht wie ein Baum, wie ein Dom dem nahenden Wanderer winkt. Das ist die sinnliche Wirklichkeit des Gedichtes.

Da redet nicht einer. Da sagt das Gedicht, was aller Menschen Wege aussagt. Die einfache Wendung von dem Raum des Heiligen und dem Eintritt in die Geborgenheit der Kirche, die aus der ursprünglichen Fassung spricht, bleibt nun doch weit hinter dem zurück, was das vollendete Gedicht ausspricht: Nicht Worte eines Dichters sind es, sondern das Läuten der Stille, das mich und einen jeden ruft und zu sich ruft.

Die Übersetzung der Algebra Gottes

Rudolf Otto Wiemer

Meine Kraft ist in den Schwachen mächtig.

2 Korinther 12,9

Anfrage wegen Station Siebzehn

Sie haben kein eigenes Wort, können lallen und weinen, das manchmal wie Lächeln aussieht, ich meine die Kinder von Station Siebzehn, die Blöden, die Wasserköpfe, die Krüppel mit Fischflossen, mit Stümpfen anstelle der Arme, die Ungerufnen, der Pflege bedürftig für zehn oder, Gott, für unzählbare Jahre, im Gitterbettchen, im Rollstuhl, in Bethel, in Wittekindshof, die Schwestern sind in dergleichen geübt, auch daß ab und an wir von draußen hereinschaun, neugierig schaudernd, „vergasen" sagen wir nicht, doch du, Gott, hörst es, der du ans Kreuz gebracht hast den Sohn – ich frage: Siehst du beide Zeichen zusammen? Das Leiden, das stellvertretende, hätte in deinem Entwurf das Stigma des Unwerts nicht, doch des Heils und der Rettung? Rettung für uns, die Normalen, die heillos verstockt sind?

Aus: R.O. Wiemer, „Ungewaschene Gebete"

Schlägt man die Sudelbücher Lichtenbergs auf, so wird man dort die Anmerkung finden: „Wenn uns ein Engel einmal aus seiner Philosophie erzählte, ich glaube, es müßten wohl manche Sätze so klingen wie 2 mal 2 ist 13." Und da dies schon bei den Engeln der Fall ist, wieviel mehr muß es insgesamt für Gottes Algebra gelten. Gott spricht und rechnet, nur eben nicht in menschlichen Dimensionen. Tausende von Jahren haben es nicht vermocht, seine „Buchstabenrechnung" (so etwa heißt Algebra, aus dem Arabischen übersetzt) ganz zu begreifen; täglich entdecken wir eine Zahl oder einen Buchstaben, die plötzlich hell zu blinken beginnen, in einem neuen, bisher unbekannten Licht.

Ein solches Licht ging mir auf, als ich vor Jahren in Bethel bei den Betten der pflegebedürftigen Kinder stand, Gitterbett an Gitterbett. Für Bethel ist das nichts Außergewöhnliches. Überall in den Häusern, die biblische Namen tragen, finden sich solche Ungerufene und fordern uns, die Normalen, heraus. Verloren wären sie alle, denn sie tragen das Stigma „Unwert" auf der Stirn, hätte nicht ein Satz für sie Partei ergriffen. Ein merkwürdiger Satz, der modernen Denkart fremd, ein Argument, das in der Tat wie das Lichtenbergsche „2 mal 2 ist 13" klingt; er steht bei Paulus im zweiten Brief an die Korinther, Kapitel 12, Vers 9. Da ist von den „Schwachen" die Rede, und diese werden lapidar in Zusammenhang gebracht nicht etwa mit Seinem Bedauern oder mit Seiner Entschuldigung, sondern mit Seiner Kraft. *„Meine Kraft"*, sagt er, *„ist in den Schwachen mächtig."*

Zweifellos einer der erstaunlichsten Sätze, die jemals auf dieser Erde gesprochen wurden. Er, dessen Kraft wir kennen, bringt sich selbst mit solchen, wie sie in den Gitterbetten liegen, in nahe Verbindung. Noch mehr, Er verleiht ihnen die Mächigkeit, diese Kraft selber zu sein, sie auszustrahlen in die Welt des Scheins und der falschen Begriffe. Ist damit das Stigma „Unwert" nicht ausgelöscht? Diese Vokabel, die jahrelang in deutschen

Landen den Freibrief für „Vergasen" hergab und die neuerdings wiederum als diskussionswürdig gilt, denn der im Rollstuhl muß sich heute vor radikalisierten Jugendlichen fürchten. Können also, wo von „Kraft" geredet wird, die in Station Siebzehn gemeint sein?

Gewiß, der Unterschied zwischen Draußen und Hier ist den Diakonissen klar. Dort die ungebrochene Vitalität, Erfolg, Karriere, Gesundheit, Leistung, Wohlbefinden, ja, auch die Verlockung der Träume, die Farben, die Musik, der „Glanz von innen", wie Rilke ihn beschwört. Dies alles, das wissen sie, wiegt in Gottes Händen schwer, selbst noch in der Perversion des Bösen – aber hat das Dasein nicht eine noch viel dunklere Seite? Eben die von Bethel, wo nicht das Konto der Gutwilligen oder das Schuldregister der Kriminellen im Zentrum der karitativen Algebra stehen, sondern das angeborene Erbteil, das unerklärbar aufgetragene, das unschuldige Leiden?

Darum geht es. Es geht nicht um die Wertmaßstäbe unserer Leistungs- und Konsumgesellschaft, nicht um Kunst, nicht um Moral, es geht um eine extrem andere Sicht. *„In den Schwachen ist meine Kraft mächtig"* – ist da nicht tatsächlich die Welt auf den Kopf gestellt? Sollte es wahr sein, daß nicht, wie es jahrtausendelang galt, die egoistische Durchsetzungspotenz den Vorrang hat? Stärke, Gewalt, Nötigung, Druck, Selbstwert? Ist da nicht etwas auf den Plan getreten, das solche Maßstäbe außer Kurs setzt? Ist es nicht geradezu anstößig, daß, wie die russische Christin Goritschewa sagt, „Gott das Unkluge wählt, um die Klugen zu beschämen, das Schwache, um das Starke hintanzusetzen, das Unbedeutende und Erniedrigte, um das Bedeutende aufzuheben" und, so könnte ich fortfahren, das Leise, um die Schreier nachdenklich zu machen, das Sanfte, um die Streitsüchtigen zu versöhnen? Welche Rechenkunst hat sich da auf Erden etabliert?

Denn, um wieder auf Bethel zurückzukommen, nichts Geringeres ist gefordert, als das Wort „Unwert" in das Wort „Wert" zu verwandeln. Gewiß, das „normale Leiden", das diesen Stern von einem Ende zum anderen füllt, ist erkennbar genug. Keiner bezweifelt, daß da Kraft investiert und gespeichert wird: Durchhaltekraft, Geduld, Langmut, Haltung, Widerstand, Trotz, Besinnung. Aber dieses Verhängnis auf Station Siebzehn, wo dem Betroffenen und den Angehörigen die unbewußte, unreflektierte Plage zugemutet wird – ist das nicht doch die Rubrik des Mißglückten, nichts als Müll, als Abfallprodukt?

Nein, sagt Gott, *meine* Kraft. So steht es da. Und diese, Seine Kraft, kann sie eine verlorene, eine vergebliche, eine negative Kraft sein? Nicht auszudenken, was da auf die Bereitschaft des menschlichen Herzens zukommt. Niemand weiß das besser als die Diakonissen in Bethel. Warum aber begreifen *wir*, die „normalen" Besucher, diese Konsequenz nicht? In den *Schwachen* ist Kraft mächtig. Steht sie doch nahe beim Kreuz, von dem alle Kraft ausgeht, das Böse in der Welt und im Herzen der Menschen zu überwinden. Deshalb: Jedes unschuldige Leiden sendet Kraft aus für die Rettung der Welt, weil es an Christi Passion teilnimmt. Jede Träne ist gezählt.

„Keine Angst", sagte die Mutter des spastisch gelähmten Kindes, „du weißt, wir lassen dich nicht allein." Und die vierzehnjährige Schwester sagte: „Schlimm, wenn du nicht mehr bei uns wärst" (ZEIT-Magazin vom 16.04.1993).

Und der Lichtenbergsche Engel fügte hinzu: „Das ist die Übersetzung der Algebra Gottes in euer Einmaleins."

Geeint, vereint, getragen – von diesem gemeinsamen Licht

Wilhelm Willms

Aber deine Brunnen

Aber deine Brunnen
Sind deine Tagebücher
O Israel!

Wieviel Münder hast du geöffnet
Im vertrockneten Sand,
Die Scheibe des Todes abgeschnitten
Vom lebenden Leben

Wieviel leuchtende Wurzeln der Sehnsucht
Hast du aus der Tiefe gehoben
Wieviel Gestirnen hast du Spiegeln aufgetan,
Ihr Geschmeide in den dunklen
Weinenden Schlaf gelegt.

Denn deine Brunnen
Sind deine Tagebücher
O Israel!

Als Abraham grub in Berseba
Heftete er mit sieben Schwüren
Den Namen seines Herrn
In die Heimat des Wassers.

Ihr, durch das Fleisch der Erde Dürstenden,
Viele Begegnungen sind euch aufbewahrt
Im fließenden Gebetsschrein der Brunnen
Gesicht des Engels

Über Hagars Schulter geneigt
Wie eine Nebelhaut
Ihren Tod fortblasend.

Redender Fels mit der bitteren
Wasserzunge zu Mara,
Die mit verlorenem Geheimnis getaucht
Zur Süße sich wandelte –

Deine Tagebücher
Sind in die leuchtenden Augen
Der Wüsten geschrieben
O Israel!

Nelly Sachs

Schlagrutenhaft

Dein Herz zuckt
Wo die Schalen der Nacht
Eine Brunnentiefe halten,
Darunter die Landschaften Gottes
Zu blühen beginnen,
Die du, erinnernder unter den Völkern,
Hinaufhebst
In die brunnenlosen Räume
Der Vergessenheit.
Wie pünktlich die Verzweiflung ist!
Zur selben Stunde Tag für Tag

Erscheint sie ohne List
Und züchtigt mich mit einem Schlag.

Dann stieben Funken um mich her,
Mein Herz ruft alle Engel an,
Der Himmel aber ist ein Meer
Und Jesus treibt in einem Kahn
Sehr weit am andern Rand der Welt,
Dort, wo die Helfer alle sind,
Und meine letzte Hoffnung bellt
Am Ufer durch den Gegenwind.

Ich spür dann, daß mich niemand hört,
Und sammle still die Funken ein,
Mein Herz – das knisternd mich beschwört –
Wird nach und nach zum Feuerstein.

Christine Lavant

Mein Beitrag zu „Drei Zeilen trage ich mit mir". Da kann ich und will ich nur von mir sprechen – von Texten, die mich tragen – trugen und durch viele Jahre getragen haben ... und immer noch. Von Jugend an war ich Wünschelrutengänger auf diesem Feld des Auflesens von Erlesenem und zu Lesendem. Und was mich da anrührte – berührte, war auch häufig das, was ich auswendiglernte – par coeur, fürs Herz, sagen die Franzosen treffender – und solches war auch häufig etwas, was ich nicht sofort restlos begriff.

Gerade das Geheimnisvolle hatte seinen besonderen Reiz. Es gehörte mir ganz allein. Und so las ich Goethes „An den Mond":

Füllest wieder Busch und Tal
Still mit Nebelglanz –
Lösest endlich auch einmal
Meine Seele ganz …

Da ich auf einem kleinen Dorf an der Ruhr mit Nebeln, Pappeln und Erlen aufwuchs, waren Goethes Bilder mir vertraut – auch aus dem „Erlkönig", und es ward mir zur Freude, solche Gedichte – die mir allein gehörten – still für mich aufzusagen. Auch litt ich so während meiner Schulzeit nicht unter Auswendig-lernen-müssen. So sammelte sich in mir etwas an, was mich trug – anders als die anderen Kinder. Es gab mitten im dörflichen Leben (mit ungefähr 600 Einwohnern) für mich erlebbar einen eigenen Raum, den ich mit keinem teilen konnte. Erst später wuchs das Bewußtsein in mir, wie sehr eine solche Einsamkeitserfahrung trägt. Wie wir so – auf diese Weise – unverhofft auf Gleichgesinnte stoßen, auf Geistesverwandte, die als uns bisher ferne zu uns nahen werden.

Dazu erschließt sich so ein Gedicht von einem Jahrzehnt zum anderen neu. Sein Innenraum und mein Innenraum weiteten sich für mich. Und da erlebte ich, wie so ein Goethegedicht geradezu auf mich wartete, um mich abzuholen, da, wo ich gerade angekommen war. Ein Gedicht wie für mich allein geschaffen. Und so ist es auch: Ein jeder nimmt es anders auf als ein anderer. Wer solches nicht in der Jugend schon erlebt hat, darf es – um Gottes willen – später nicht verpassen: Denn was trägt – das nimmt uns auf und mit – uns am Wegrand Liegende.

Denn unsere Einmaligkeit als Einsamkeit schwerwiegend zu tragen, ist jene geheime Kraft, die uns gleichzeitig trägt; denn meine Einsamkeit ist mein Königreich. Und dies gilt es zu entdecken – ausfindig zu machen! Und da sind „Texte, die tragen“ auch geistige Orte – Oasen, wo Geistesverwandte, Hungernde und Dürstende sich finden und einander tragen – wie die drei Weisen, als einzelne Einsame aufgebrochen, sich im Schauen des einen Sterns von diesem Lichtblick geführt, sich bei der Oase Bethlehem finden – geeint, vereint, getragen – von diesem gemeinsamen Licht.

Wahlverwandtschaft ist unendlich mehr tragend als das, was die bloße, pure Natur bringt. Nichts gegen die Natur – aber sie ist es keinesfalls in jedem Fall. Da werden auch die Dichterinnen und Dichter in ihren erlesenen Texten zu Freunden, die unser Leben hochfrequent potenzieren – tragen; denn geteiltes Leid ist halbes Leid – geteilte Freude und Lust ist mindestens doppelte Freude und Lust.

Wie solches Erleben sich im banalen Alltag leben und erleben läßt – an einem Beispiel: Als ich erst mit 40 Jahren den Führerschein erwerben wollte – sollte – mußte, da wurde meine Fahrlehrerin eine Dame, aus Weimar gebürtig, nun per Ehe aufs Land verschlagen, aus reinem Zufall an mich geraten und ich an sie. Wir beschnupperten uns, und schließlich sehr bald rezitierten wir einander Goethe und Schillerverse beim Fahren – während der Fahrstunde. Da verging die Zeit wie im Nu. Und diese Fahrstunden wurden zu unvergeßlichen Erfahrungen. Texte als Medien des Sich-einander-Näherkommens. Sowas trägt- und wer da trägt, der wird getragen –, da kamen Fausttexte, der Ostermorgen, das Türmerlied, Sinnsprüche prosteten wir einander zu:

Das Glück ihm günstig sei –
Was hilft's dem Schöffel;
Denn regnet's Brei –
Fehlt ihm der Löffel!

Wir gestanden einander ein, wie solches Par-coeur-in-sich-Haben trägt und die sogenannten Banalitäten verwandeln hilft. Dann ist die Frage gestattet: Was ist banal und was nicht!? Wir sollten herausfinden, wo der Reiz der Wörter und das Schwerwiegende, uns Reizende der Worte für uns zu finden ist. Worte sind es, die tragen können, es gibt den Appeal – den Appelationscharakter der Worte, der uns leider nur vom Sex-Appeal der Sprache bekannt zu sein scheint. Appeal aber ist der Reiz, der das Leben als Ganzes reizvoll werden und sein läßt. Und da die menschliche Sprache Wesentlichstes ist in unserem Leben bei unserem Miteinander-Umgehen, gehört zur Sprache die Kultur des Sprechens – die Sprachpflege.

Es müßte eine hohe Lust für uns sein, einander sprechen zu hören. Gibt es für mich das Einem-Menschen-"an den Lippen hängen", ganz Ohr für eine oder für einen sein? Wie sehr konnte und kann das Wort einen Menschen für mich einen finsteren Raum zum lichten Raum werden lassen, in dem ich und die anderen plötzlich aufatmen und neu zu leben beginnen! So habe ich als katholischer Pfarrer auch die Bibel als Dichtung auf die Kanzel gebracht – aber auch zeitgenössischen Dichterinnen und Dichtern das Wort erteilt: Ingeborg Bachmann, Bertolt Brecht, Wolfdietrich Schnurre, Nelly Sachs, Else Lasker-Schüler, Hilde Domin, Rose Ausländer, Paul Celan. Sage mir keiner – oh, wie schwer und beschwerlich! Es kann auch eine Sünde sein, Zuhörer der sogenannten Kanzel zu unterfordern. Wer seine Zuhörer liebt und diese als Freunde ernst nimmt, der weiß, wie weit er gehen kann, um ihnen etwas zuzumuten.

Es gibt das in uns Schlummernde und Verdeckte zu erwecken, und dazu gehört auch ein liebevolles Aufschrecken. Rilke meint: „Ein jeder Engel ist schrecklich" – sowie wir auch sagen: „schrecklich schön!" Fascinosum und tremendum liegen bei- – ja sogar ineinander. Nelly Sachs meint: „Lange haben wir das Lauschen verlernt!" Und wie könnten wir gerade solches Wort als Beschwörung über unsere Tage ausrufen. Halten wir noch was von beschwörenden Worten!? Ist nicht gerade das tremendum als erschreckendes fascinosum, als faszinierendes Tragendes und Rettendes? „DENN wo Gefahr ist, wächst das Rettende auch!" (Hölderlin).

So treffe ich mich jeden Monat einmal mit einem seit über einem Jahrzehnt existierenden Kreis von Geistesverwandten, die dort Texte lesen und hören von Dichterinnen und Dichtern – buntgemischt auch mit Bibelpassagen, die nicht bloß als begründend herangeholt sind, sondern als höchst poetische Mitgift auf unserem Pilgerweg, so daß Poesie unser Leben ist. Dichtung nicht nur als Dichtung und Wahrheit – als dichte Wahrheit – als gelebtes Leben – für täglich und immerdar. Heute nicht nur als kirchliches Bildungsprogramm für erholsame Wochenende, an denen wir uns selbst aus dem Verkehr ziehen. Läßt sich denn das Leben als Miteinander-Verkehren ohne unsere Dichterfreunde mit ihren uns tragenden Texten erträglich bestehen, und nicht nur das, sondern erlebnisreich leben – froh, freudig, lustvoll – in Frieden und frei?

VIII

Träume über den Tag hinaus

Walter Habdank: In Erwartung, Holzschnitt 1975.

Wie ein Traum zutage kommt

Arnim Juhre

Die Auferstehung des Lazarus

Es lag aber einer krank mit Namen Lazarus aus Bethanien, dem Dorfe Marias und ihrer Schwester Martha. Maria aber war es, die den Herrn gesalbt hat mit Salbe und die Füße getrocknet mit ihrem Haar. Deren Bruder Lazarus war krank. Da sandten seine Schwestern zu ihm und ließen ihm sagen: Herr, siehe, den du liebhast, der liegt krank. Da Jesus das hörte, sprach er: Diese Krankheit ist nicht zum Tode, sondern zur Verherrlichung Gottes, daß der Sohn Gottes dadurch verherrlicht werde. Jesus aber hatte Martha lieb und ihre Schwester und Lazarus. Als er nun aber hörte, daß er krank war, blieb er noch zwei Tage an dem Ort, da er war; danach aber spricht er zu seinen Jüngern: Laßt uns wieder nach Judäa ziehen!

Seine Jünger sprachen zu ihm: Meister, vor kurzem erst wollten die Juden dich steinigen, und du willst wieder dahin ziehen? Jesus antwortete: Sind nicht des Tages zwölf Stunden? Wer des Tages wandelt, der stößt sich nicht, denn er sieht das Licht dieser Welt. Wer aber des Nachts wandelt, der stößt sich, denn es ist kein Licht in ihm.

Solches sagte er, und danach spricht er zu ihnen: Lazarus, unser Freund, schläft; aber ich gehe hin, daß ich ihn aufwecke. Da sprachen seine Jünger: Herr, schläft er, so wird's besser mit ihm. Jesus aber sprach von seinem Tode; sie meinten aber, er rede vom leiblichen Schlaf.

Da sagte es ihnen Jesus frei heraus: Lazarus ist gestorben, und ich bin froh um euretwillen, daß ich nicht dagewesen bin, auf daß ihr glaubet. Aber lasset uns zu ihm ziehen! Da sprach Thomas, der genannt ist Zwilling, zu den Jüngern: Laßt uns mitziehen, daß wir mit ihm sterben!
Da kam Jesus und fand ihn schon vier Tage im Grabe liegen. Bethanien aber war nahe bei Jerusalem, bei einer halben Stunde. Und viele Juden waren zu Martha und Maria gekommen, sie zu trösten über ihren Bruder. Als Martha nun hörte, daß Jesus kommt, ging sie ihm entgegen; Maria aber blieb daheim sitzen. Da sprach Martha zu Jesus: Herr, wärest du hier gewesen, mein Bruder wäre nicht gestorben. Aber auch jetzt noch weiß ich, daß, was du bittest von Gott, das wird dir Gott geben.
Jesus spricht zu ihr: Dein Bruder wird auferstehen. Martha spricht zu ihm: Ich weiß wohl, daß er auferstehen wird in der Auferstehung am Jüngsten Tage. Jesus spricht zu ihr: Ich bin die Auferstehung und das Leben. Wer an mich glaubt, der wird leben, ob er gleich stürbe, und wer da lebet und glaubet an mich, der wird nimmermehr sterben. Glaubst du das? Sie spricht zu ihm: Herr, ja, ich glaube, daß du bist der Christus, der Sohn Gottes, der in die Welt gekommen ist.
Und da sie das gesagt hatte, ging sie hin und rief ihre Schwester Maria heimlich und sprach: Der Meister ist da und ruft dich. Dieselbe, als sie das hörte, stand sie eilends auf und kam zu ihm. Jesus aber war noch nicht in das Dorf gekommen, sondern war noch an dem Ort, da ihm Martha entgegengekommen war. Die Juden, die bei ihr im Hause waren und sie trösteten, da sie sahen, daß Maria eilends aufstand und hinausging, folgten sie ihr nach und dachten: Sie geht hin zum Grabe, daß sie daselbst weine.

Als nun Maria dahin kam, wo Jesus war, und ihn sah, fiel sie zu seinen Füßen und sprach zu ihm: Herr, wärest du hier gewesen, mein Bruder wäre nicht gestorben. Als Jesus sie sah weinen und die Juden auch weinen, die mit ihr kamen, ergrimmte er im Geist und ward betrübt in sich selbst und sprach: Wo habt ihr ihn hingelegt? Sie sprachen zu ihm: Herr, komm und sieh es! Und Jesus gingen die Augen über. Da sprachen die Juden: Siehe, wie hat er ihn so liebgehabt!
Etliche aber unter ihnen sprachen: Konnte, der dem Blinden die Augen aufgetan hat, nicht schaffen, daß auch dieser nicht stürbe? Da ergrimmte Jesus abermals in sich selbst und kam zum Grabe. Es war aber eine Höhle, und ein Stein davorgelegt. Jesus sprach: Hebt den Stein weg! Spricht zu ihm Martha, die Schwester des Verstorbenen: Herr, er stinkt schon, denn er hat vier Tage gelegen. Jesus spricht zu ihr: Habe ich dir nicht gesagt, wenn du glaubtest, so würdest du die Herrlichkeit Gottes sehen? Da hoben sie den Stein weg.
Jesus aber hob seine Augen empor und sprach: Vater, ich danke dir, daß du mich erhört hast. Ich wußte wohl, daß du mich allezeit hörst, aber um des Volks willen, das umhersteht, habe ich geredet, damit sie glauben, daß du mich gesandt hast. Da er das gesagt hatte, rief er mit lauter Stimme: Lazarus, komm heraus! Und der Verstorbene kam heraus, gebunden mit Grabtüchern an Füßen und Händen und sein Angesicht verhüllt mit einem Schweißtuch. Jesus spricht zu ihnen: Löset die Binden und lasset ihn gehen!
Viele nun von den Juden, die zu Maria gekommen waren und sahen, was Jesus tat, glaubten an ihn. Etliche aber von ihnen gingen hin zu den Pharisäern und sagten ihnen, was Jesus getan hatte.

Johannes 11,1–46

Anfang Juli 1989 hatte ich einen Traum, der mir noch heute zu schaffen macht. (Heute heißt Mitte November 1993, da ich diese Zeilen schreibe.) Mir träumte damals die Leidensgeschichte eines Schauspielers, der fortwährend den Lazarus spielen muß. Auf Zuruf kommt er aus seinem Grab heraus, er hat zu gehorchen. Und je öfter er aufersteht, desto erfolgreicher wird das Stück, in dem er spielt. Das macht ihn kaputt. Das geht ihm aufs Gemüt. Die Wiederholung wird ihm zur Folter. Dem will er sich widersetzen, aber er weiß nicht wie. Der Traum war in ein helles Licht getaucht, nicht grell, aber sehr deutlich, nicht kalt, eher frühsommerlich.

Als ich aufwachte, fühlte ich mich gut, richtig ausgeschlafen, halb beschenkt und halb beauftragt, diesen Traum nicht zu vergessen. Und während der morgendlichen Naßrasur kamen mir keinerlei Zweifel daran, eine dramatische Fabel geträumt zu haben, die ebenso einfach wie genial ist. Die es verdient, mit wachem Verstand überprüft, entwickelt und gestaltet zu werden, die aus dem Reich der Träume in die Welt bewußter Wahrnehmung überführt werden will. Mir war bewußt, daß mir eine Menge Arbeit bevorstand.

Bis Ende 1990 war ich Literatur-Redakteur beim „Deutschen Allgemeinen Sonntagsblatt" in Hamburg, so daß ich nebenher nur Vorarbeiten leisten konnte, um die Traumgeschichte an den Tag zu bringen, etwa in der Form eines abendfüllenden Ein-Personen-Stücks.

Zuerst traf ich mich mit einem Hamburger Schauspieler und erzählte ihm meinen Traum. Ich wollte von ihm erfahren, ob ein Schauspieler seine Rolle zurückgeben darf, wenn er glaubhaft erklärt oder nachweisen kann, daß seine oft wiederholten Auftritte in einer bestimmten Rolle ihn belasten und krank machen, ihn mehr und mehr gefährden. Die Antwort hieß: Nein. Ein

Rechtsanspruch auf Entlastung wäre nicht durchzusetzen. Es gehöre zum Beruf eines Schauspielers, daß er jede ihm angebotene Rolle spielen muß. (Nur eine interne Regelung wäre denkbar, ein Entgegenkommen der Intendanz oder des Schaupieldirektors, was aber nicht gefordert oder rechtlich erstritten werden kann.)

Zum andern konsultierte ich eine Ärztin und Psychotherapeutin, die praktische Theatererfahrungen gemacht hat. Von ihr wollte ich wissen, ob es denkbar ist, daß ein Schauspieler, zum Beispiel in der Rolle des Lazarus, sich im Verlauf von 50 oder 100 oder noch mehr Aufführungen in eine Psychose steigert und schließlich Selbstmord begeht. Weil er die Figur, die er verkörpern soll, von der eigenen Person nicht trennen kann. Weil er nicht ewig auferstehen will. Weil er endlich seine Ruhe haben will. Antwort: Im Leben ist alles möglich. Und zweitens: Im dramatischen Schauspiel wäre das sogar „eine Drehung weiter", eine Steigerung der Situation, ihre äußerste Zuspitzung.

Auf eine dritte Frage mußte ich selbst die Antwort finden: Wenn ich den geträumten Lazarus auf die Bühne bringe, ihn allein agieren lasse, ihn einen Abend lang reden lasse, wie begründe ich seinen Redezwang? Wie kann ich glaubhaft machen, daß ein geplagter Schauspieler, statt sich umzubringen, immer wieder versucht, sich nach jeder Aufführung redend zu regenerieren? Vor einem anderen Publikum, dem er sein Leid klagen kann. In immer neuen Etappen.

Eine Antwort auf diese aparte Frage verlangt der Text des Kapitels im Johannes-Evangelium selbst. Man muß ihn nur neugierig und einfältig genug lesen. Dann fällt die Entdeckung nicht schwer: In dieser Lazarus-Erzählung des Johannes hat Lazarus nichts zu sagen. Berichtet wird von ihm und über ihn. Von Maria und Martha, seinen Schwestern, hört man direkte Rede genug, von ihm kein Wort. Und doch scheint er die Hauptperson zu sein, zumindest eine Demonstrationsfigur.

Heute (Mitte November 1993) ist noch nicht entschieden, ob mir mein Lazarus-Stück gelingen wird. Ich arbeite noch daran. Doch alle Vorarbeiten haben mir ein Lazarus-Panorama erschlossen, von dem ich vorher keine Ahnung hatte. Der Traum von einem unglücklichen Lazarus-Darsteller hat unaufhörliche Folgen. Zum einen wurden sie durch die Erzählweise des Johannes provoziert. Denn vom zweiten Leben des Lazarus erfährt der Bibelleser nichts. Zuletzt nur dies, daß auch seinetwegen viel Volk in Jerusalem zusammenlief, als Jesus zu Ostern in die Stadt kam:

„Da erfuhr viel Volks der Juden, daß er daselbst war, und kamen nicht allein um Jesu willen, sondern damit sie auch Lazarus sähen, welchen er von den Toten auferweckt hatte. Aber die Hohenpriester beschlossen, daß sie auch Lazarus töteten; denn um seinetwillen gingen viele Juden hin und glaubten an Jesus“
(Johannes 12,9–11).

Auf weiteres ist kein Verlaß, nicht für orthodoxe Bibelleser. Aber die Neugier ist groß, das Interesse penetrant, man möchte wissen, wie es im Totenreich aussieht. Von einem Gewährsmann möchte man etwas Genaues hören, zumindest von einem, der vier Tage tot war und auf Zuruf wiederkam. Selbst die Erzähllust späterer Jahrhunderte ist ungebrochen, die „Legenda aurea“ nur ein klassischer Spiegel, eine Beispielsammlung unter anderen. Selbst in der Weltliteratur aufgeklärter Zeiten taucht das Lazarus-Motiv auf und wird immer wieder neu gewendet. Der russische Schriftsteller Leonid N. Andrejev zum Beispiel (1871–1919) schildert in seiner

Lazarus-Novelle, daß selbst Kaiser Augustus Näheres wissen wollte über diesen Auferweckten, Lazarus nach Rom kommen ließ und ihn auszufragen versuchte.

Eigentlich verstehe ich erst heute, indem ich dies jetzt niederschreibe, die Folgerichtigkeit meines Tuns, seit ich die Geschichte von einem unglücklichen Lazarus-Darsteller geträumt hatte. Natürlich mußte ich meiner Traumfigur, wollte ich sie rational realisieren, die Fluchtwege abschneiden. Im Gespräch mit einem aktiven Ensembleschauspieler mußte ich mich vergewissern, daß das Niederlegen einer Rolle in der Regel nicht in Frage kommt, solange das Stück auf dem Spielplan steht. Und im Gespräch mit einer Psychotherapeutin mußte mir noch klarer werden als zuvor, daß der Fluchtweg der Selbsttötung selbstverständlich auch einem Schauspieler offensteht, wie jedem anderen Menschen auch. Wie also könnte ich ihm den versperren?

Und schließlich war ich in derselben Lage wie Leonid Andrejev: Ich mußte eine Geschichte erfinden, eine unausweichliche Situation, in der Lazarus redet, ja, reden muß, derselbe, der in der Bibel keinen Text hat. Die biblische Lazarus-Geschichte aus dem 11. Johannes-Kapitel wirft selber unzählige Fragen auf, auch im biblischen Bezug.

Wie kommt es, daß nur Johannes von diesem Lazarus berichtet? Haben Matthäus, Markus und Lukas ihn nicht gekannt? War seine Geschichte nicht erwähnenswert, obgleich er zum Volksauflauf in Jerusalem erheblich beigetragen hat?

Oder: Was ist von Rudolf Steiners Ansicht zu halten, daß dieser Lazarus aus Bethanien uns zuvor schon als „der reiche Jüngling" begegnet sei? Oder von Steiners These, daß Lazarus und Johannes ein- und derselbe seien? Oder, ganz einfach, dicht am Text geblieben: Ist es Zufall oder kompositorische Absicht, daß das Johannes-Evangelium 21 Kapitel hat? Nur so kann, wie ein Berg in der Landschaft, das 11. Kapitel genau in der Mitte stehen: die Lazarus-Geschichte.

In dessen Mitte wiederum steht die Botschaft des ganzen Evangeliums. In erzählte Handlung eingebunden, aus fortlaufender Handlung hervortretend, nicht gepredigt, sondern durch einen vertrauten Gesprächspartner beglaubigt. Als Martha nicht daran zweifelt, daß ihr Bruder Lazarus später einmal auferstehen wird, „in der Auferstehung am Jüngsten Tag", spricht Jesus zu ihr:

„Ich bin die Auferstehung und das Leben. Wer an mich glaubt, der wird leben, ob er gleich stürbe; und wer das lebet und glaubet an mich, der wird nimmermehr sterben. Glaubst du das?"

Mithin, zwischen Fragen und Antworten, zwischen unglaublichen Geschichten und widersprüchlichen Deutungsversuchen, zwischen platter Neugier und kaschierter Unsicherheit, zwischen verblüffenden Träumen und blankem Erwachen, mitten im turbulenten Lazarus-Kapitel – ein Weg.

Mein Sterbenswort und meine Lebenskantilene

Hanns Dieter Hüsch

Das neue Jerusalem

Und ich sah einen neuen Himmel
Und eine neue Erde;
Der erste Himmel
Und die erste Erde
Sind vergangen,
Und das Meer ist nicht mehr.

Und ich sah die heilige Stadt,
Das neue Jerusalem,
Von Gott aus dem Himmel herabkommen,
Bereitet
Wie eine geschmückte Braut
Für ihren Mann.

Und ich hörte eine große Stimme
Von dem Thron her,
Die sprach:
Siehe da, die Hütte Gottes bei den Menschen!
Und er wird bei ihnen wohnen,
Und sie werden sein Volk sein,
Und er selbst,
Gott mit ihnen, wird ihr Gott sein:

Und Gott wird abwischen alle Tränen
Von ihren Augen,
Und der Tod

Wird nicht mehr sein,
Noch Leid
Noch Geschrei
Noch Schmerz
Wird mehr sein;
Denn das Erste ist vergangen.

Offenbarung des Johannes 21,1–4

Utopie

Ich seh ein Land mit neuen Bäumen
Ich seh ein Haus aus grünem Strauch
Und einen Fluß mit flinken Fischen
Und einen Himmel aus Hortensien seh ich auch

Ich seh ein Licht von Unschuld weiß
Und einen Berg der unberührt
Im Tal des Friedens geht ein junger Schäfer
Der alle Tiere in die Freiheit führt

Ich hör ein Herz das tapfer schlägt
In einem Menschen den es noch nicht gibt
Doch dessen Ankunft mich schon jetzt bewegt
Weil er erscheint und seine Feinde liebt

Das ist die Zeit die ich nicht mehr erlebe
Das ist die Welt die nicht von unsrer Welt
Sie ist aus feinstgesponnenem Gewebe
Und Freunde glaubt und seht: sie hält

Das ist das Land nach dem ich mich so sehne
Das mir durch Kopf und Körper schwimmt
Mein Sterbenswort und meine Lebenskantilene
Daß jeder jeden in die Arme nimmt.

Eine kaiserliche Botschaft

Dorothee Sölle

Der Kaiser – so heißt es – hat dir, dem Einzelnen, dem jämmerlichen Untertanen, dem winzig vor der kaiserlichen Sonne in die Ferne geflüchteten Schatten, gerade dir hat der Kaiser von seinem Sterbebett aus eine Botschaft gesendet. Den Boten hat er beim Bett niederknien lassen und ihm die Botschaft ins Ohr geflüstert; so sehr war ihm an ihr gelegen, daß er sich sie noch ins Ohr wiedersagen ließ. Durch Kopfnicken hat er die Richtigkeit des Gesagten bestätigt. Und vor der ganzen Zuschauerschaft seines Todes – alle hindernden Wände werden niedergebrochen und auf den weit und hoch sich schwingenden Freitreppen stehen im Ring die Großen des Reichs –, vor allen diesen hat er den Boten abgefertigt. Der Bote hat sich gleich auf den Weg gemacht; ein kräftiger, ein unermüdlicher Mann; einmal diesen, einmal den anderen Arm vorstreckend schafft er sich Bahn durch die Menge; findet er Widerstand, zeigt er auf die Brust, wo das Zeichen der Sonne ist; er kommt auch leicht vorwärts, wie kein anderer. Aber die Menge ist so groß; ihre Wohnstätten nehmen kein Ende. Öffnete sich freies Feld, wie würde er fliegen und bald wohl hörtest du das herrliche Schlagen seiner Fäuste an deiner Tür. Aber statt dessen, wie nutzlos müht er sich ab; immer noch zwängt er sich durch die Gemächer des innersten Palastes; niemals wird er sie überwinden; und gelänge ihm dies, nichts wäre gewonnen; die Treppe hinab müßte er sich kämpfen; und gelänge ihm dies, nichts wäre gewonnen; die Höfe wä-

ren zu durchmessen; und nach den Höfen der zweite umschließende Palast; und wieder Treppen und Höfe; und wieder ein Palast; und so weiter durch Jahrtausende; und stürzte er endlich aus dem äußersten Tor – aber niemals, niemals kann es geschehen –, liegt erst die Residenzstadt vor ihm, die Mitte der Welt, hochgeschüttet voll ihres Bodensatzes. Niemand dringt hier durch und gar mit der Botschaft eines Toten. Du aber sitzt an deinem Fenster und erträumst sie dir, wenn der Abend kommt.

Franz Kafka

Als ich ungefähr siebzehn Jahre war, schickte mir einer meiner älteren Brüder diesen Text, er hatte ihn in sorgfältiger Schrift auf ein liniertes Blatt geschrieben. Er studierte Literaturwissenschaften und hatte eines Tages beim Abendbrot von diesem wunderbaren Dichter aus Prag erzählt. Ich, ein in jeder Hinsicht hungriges Nachkriegskind, war ganz Ohr. Damals habe ich den Namen zum erstenmal gehört, und das Stück Papier habe ich über zwanzig Jahre mit mir herumgetragen, es wohnte in meiner Brieftasche und war mir wichtiger als Ausweise und Fotos. Bilder bewahren Erinnerungen, dazu sind sie da, aber der Text war ein Versprechen, ein unhaltbares möglicherweise, und doch ein geheimer Anrechtschein.

Im Anfang wird genannt der Gegensatz, das Gegenüber, das die Dynamik dieser wenigen Zeilen ins Rollen bringt. Der Kaiser und 'du', zwei durch alles, was sich überhaupt denken läßt an Raum und Zeit, an Rang und Ehre, an Status und Zeichen, getrennte, unverbundene Wesen. Er mit der Sonne verbunden, du mit dem Schatten, er öffentlich mit großer Zuschauerschaft bis zum Tode, du, der einzelne in der fernsten Ferne, geflüchtet, als sei es dein freier Wille gewesen, dich möglichst weit fort anzusiedeln.

Der Erzähler bleibt unsichtbar, er ist ganz ins Erzählen vertieft, aber doch näher an dem immer wieder angesprochenen Du als am mythischen Kaiser. „So heißt es" murmelt er relativierend zu Beginn: relatum est, nichts Genaues weiß man. Am Ende taucht dieselbe Stimme noch einmal auf, wieder sich selbst unterbrechend, nur leidenschaftlicher, beschwörender – „Aber niemals, niemals kann es geschehen –".

Ist es die Stimme der Tradition, die von Botschaften zwischen der höchsten Instanz und den niedersten Wesen zu reden weiß? Ist es der heutige, skeptische, den Versprechungen der Religion lang entwachsene Erzähler? Beides trifft zu, nur ist die Spannung kein postmodernes „sowohl als auch", sondern eine radikale Dialektik. Hoffnung und Verzweiflung wohnen im gleichen Haus.

Aus diesem Haus hat sich der Dichter zeitlebens nicht vertreiben lassen. Im Akt des Berichtens wird der Sprechende immer mehr der, der schon weiß, wie „nutzlos" die Bemühungen der Boten sind, daß „niemand" durchkommt. Er, dieser geheimnisvolle Sprecher, füllt sich immer mehr mit der Hoffnungslosigkeit der Welt.

Es ist ein Text, der sich im Sprechen entfaltet, weil seine Sprache, vor allem der Satzbau, das Tempo vorgibt. Der Anfang und das Ende sind ruhig, gemessen, leise, dann beginnt die Steigerung, bis die Sprechende – und ich habe mir den Text oft vorgesprochen – eins geworden ist mit dem Boten, unermüdlich vorwärtsdrängend, immer rascher und immer behinderter, immer fliegender und immer verzweifelter.

Dieser wunderbare Bote, mit dem Zeichen des Lichts auf der Brust, mit starkem Arm und herrlich schlagenden Fäusten, dieses Allegro – vivace – Tempo, das sich abnutzt, aufbraucht, von „aber" und wieder „aber" und schließlich „nichts wäre gewonnen" aufgehalten. So rätselhaft wie im Beginn eine andere Stimme spricht und „so heißt es" sagt, was bedeuten kann, ich habe das gehört, aber es ist nichts daran, so endgültig wiederholt am Ende die nicht-identifizierbare Stimme ihr „aber niemals, niemals kann es geschehen". Denn indessen ist der Bote ja schon durch Häuser, Treppen, Paläste und Türme, diese Architektur des Undurchdringlichen, angekommen in der Mitte der Welt, die aus einer einzigen Stadt zu bestehen scheint, „hochgeschüttet voll ihres Bodensatzes". Jetzt erst, nach „Jahrtausenden", wird sichtbar, was alles zwischen dem fernen Kaiser und dem Du an glanzvoller, betrügerischer, den Boten aufhaltender „Welt" liegt.

Müll und Schrott, so sah ich den Bodensatz damals vor mir, ohne Erinnerung an irgend etwas, das von dem toten Kaiser stammen könnte. „Draußen vor der Tür" hieß das erste Theaterstück, das ich sah. Der Kaiser war so abwesend, wie der alte Mann, der bei Wolfgang Borchert Gott hieß. Und der unüberwindliche „Bodensatz", das waren das Gas für Kafkas Schwestern und die Ruinen meiner Heimatstadt ... „Schöpfung", das schien mir eine fatale Lüge wie die Ahnungslosigkeiten meines damaligen Religionslehrers. Nichts in diesem Text bot solcherart Trost an, gottseidank.

Die wirklichen Fragen stellten sich hier anders. Hatte es diese Botschaft je gegeben? War der Bote noch unterwegs? Ist es ein nihilistischer Text, will er den Traum der „jämmerlichen" Untertanin, die ich bin, entlarven, schärft er mir ein, daß das sich öffnende freie

Feld, durch das der Bote fliegen würde, eine Illusion ist? Heute kommt es mir oft so vor, als sollten mächtige Wortführer jeden Wunsch, aus dem Elend von Gewalt und Genuß herauszukommen, am liebsten verbieten. Als dürfe es nicht mehr sein, daß noch jemand abends allein, ohne Medium, am Fenster sitzt und eine andere Botschaft erträumt …

Hat es die Botschaft je gegeben? Ist der Bote, griechisch der Angelos, sind Boten noch, aufgehalten von Müll und Schrott, unterwegs? Kafka antwortet nicht auf diese Fragen. Er stellt sie, er geht von der kaiserlichen Botschaft aus, wir haben alle von ihr gehört, es gibt dieses merkwürdige „so heißt es". Es ist nicht gerade glaubwürdiger geworden in den langen Jahren, die uns von der Entstehungszeit des Textes trennen.

Am Schluß taucht ein anderes „aber" auf: „Du aber" – ohne Ehrenzeichen auf der Brust, ohne unermüdliche Arme, ohne jeden Beweis. Der letzte Satz klingt einfach, ruhig, jahrtausendealt. So reden die, die Psalmen beten:

„Du aber sitzt an deinem Fenster und erträumst sie dir, wenn der Abend kommt."

Die Autorinnen und Autoren

Carl Amery: Schriftsteller; München

Helmut Ammann: Bildhauer, Maler, Graphiker, Freischaffender Künstler; München

Schalom Ben-Chorin: Prof., Dr. theol., Freier Schriftsteller und Dozent; Jerusalem

Joachim-Ernst Berendt: Prof. h.c., Schriftsteller, ehem. Redaktionsleiter beim Südwestfunk (1945 Mitbegründer dieser Anstalt); Baden-Baden

Gion Condrau: Prof., Dr. med., Dr. phil., Professor für Medizinische Psychologie, Psychosomatik und Psychotherapie; Zürich

Herbert Falken: Pfarrer, Maler, Graphiker; Stolberg-Schevenhütte

Heinz Friedrich: Prof., Dr. h.c., Präsident der Bayerischen Akademie der Schönen Künste, Honorarprofessor für Neuere Deutsche Literatur und Bücherwissenschaft an der Ludwig-Maximilian-Universität München

Walter Helmut Fritz: Schriftsteller; Karlsruhe

Hans Georg Gadamer: Prof., Dr. mult., em. Professor für Philosophie, Universität Heidelberg

Norbert Greinacher: Universitätsprofessor, Dr. theol., Professor für Praktische Theologe an der Katholischen Theologischen Fakultät der Universität Tübingen

Baron Enoch zu Guttenberg: Dirigent; Neubeuren

Walter Habdank: Maler und Graphiker; Berg am Starnberger See

Catharina Halkes: Prof., Dr. theol., em. Universitätsprofessorin, Lehrstuhl für Feminismus und Christentum an der Katholischen Universität Nijmegen, Niederlande

Hartmut von Hentig: Prof., Dr. phil., Pädagoge und Schriftsteller; Göttingen

Hanns Dieter Hüsch: Schriftsteller, Kabarettist; Köln

Maria Jepsen: Bischöfin i.d. Nordelbischen Kirche, Sprengel Hamburg

Arnim Juhre: Journalist und Schriftsteller, bis 1990 Literatur-Redakteur beim „Deutschen Allgemeinen Sonntagsblatt"; Hamburg

Oskar Koller: Maler und Graphiker; Nürnberg

Paul Konrad Kurz: Dr. phil., Literaturkritiker und Schriftsteller; Gauting-Buchendorf (b. München)

Marie-Elisabeth Lüdde: Dr. theol., Dozentin an der Fachhochschule für Gemeindepädagogik Potsdam; Weimar

Elisabeth Moltmann-Wendel: Dr. theol., Publizistin und Theologin im Bereich Frau/Kirche/Feministische Theologie; Tübingen

Dagmar Nick: Schriftstellerin; München

Heinz Piontek: Freiberuflicher Schriftsteller seit 1948; München

Richard Riess: Prof., Dr. theol., Dipl.-Psych., Professor für Praktische Theologie, Augustana-Hochschule, Neuendettelsau

Philip Rosenthal: Professor; Selb

Paul-Werner Scheele: Prof., Dr. theol., kath. Bischof der Diözese Würzburg

Heinrich Schipperges: Dr. med., Dr. phil., Dr. med. h.c., em. Direktor des Instituts für Geschichte der Medizin der Universität Heidelberg

Dorothee Steffensky-Sölle: Theologin und Schriftstellerin; Hamburg/New York

Hans Wallhof: Priester in der Gemeinschaft der Pallottiner, Mag. theol., Chefredakteur von „ferment" und „ferment-Bildband", Schweiz, Redakteur von „Das Zeichen", Limburg (Chefredakteur von 1969–1991); Limburg/Lahn

Rudolf Otto Wiemer: Schriftsteller, Realschullehrer a.D.; Göttingen

Ulrich Wilckens: Bischof i.R., Prof., Dr. theol., ev. Bischof für Holstein-Lübeck 1981–1991; Weißenhaus

Wilhelm Kaspar Willms: Pfarrer, Propst, Personalpfarrer der Diözese Aachen, Pfarrer der Theresia-Kirche in Aachen, Mitarbeiter beim Aachener Bildungswerk, Schriftsteller; Heinsberg

Heinz Zahrnt: Dr. theol., Schriftsteller, Chefredakteur i.R.; Soest

Eva Zeller: Schriftstellerin; Heidelberg

Rudolf Zöbeley: Dr. phil., Kirchenmusikdirektor, Universitätsmusikdirektor, Kantor an St. Matthäus in München, Leiter des Münchner Motettenchors, Leiter des Universitätschors München

Textquellen

S. 17, aus: Martin Buber, Die Erzählungen der Chassidim. Manesse Verlag, Zürich 1949.
S. 22f, aus: Verfasser/Quelle leider unbekannt.
S. 52f, aus: Johannes vom Kreuz, herausgegeben, eingeleitet und übersetzt von Johannes Boldt. Walter-Verlag AG, Olten 1980.
S. 58f, aus: Gotteslob – Katholisches Gebet- und Gesangbuch. Verlag Herder, Freiburg i.Br.
S. 71ff, zit. aus: Martin Heidegger, Gesamtausgabe II. Abt. Vorlesungen 1923-1944, Band 52: Hölderlins Hymne „Andenken". Frankfurt/M. 1982, S. 156-160.
S. 83f, aus: Evangelisches Kirchengesangbuch, Lied 361.
S. 109, aus: Horst Samson, Was noch blieb von Edom. Nosmasverlag, Neuberg 1994.
S. 114f, aus: Alexander Lernet-Holenia, Das lyrische Gesamtwerk. Vorwort und hrsg. von Roman Rocek. Paul Zsolnay Verlag, Rastatt 1989.
S. 117f, aus: Jochen Klepper, Kyrie. Geistliche Lieder. Eckhart-Verlag, Witten-Berlin [18]1986, S. 19f.
S. 132f, aus: Kurt Marti, Leichenreden. Luchterhand Verlag, Neuwied-Berlin 1969, S. 23.
S. 138, aus: Marie Luise Kaschnitz, Dein Schweigen – meine Stimme. Classen Verlag, Hamburg 1962.
S. 140, aus: Kurt Marti, Leichenreden. Luchterhand Verlag, Neuwied-Berlin 1969, S. 35.
S. 146, aus: Gilbert Keith Chesterton, zit. nach: Heinz Piontek, Werke in sechs Bänden, Band 3, Schönheit: Partisanin, Schriften zur Literatur, zu Person und Werk. © 1978, © 1979, © 1983 by Franz Schneekluth Verlag, München, S. 443.
S. 151ff, aus: Martin Heidegger, Der Feldweg. Bebilderte Sonderausgabe. © Vittorio Klostermann Verlag GmbH, Frankfurt/M. 1989.
S. 161ff, aus: Platon, Die Apologie des Sokrates, 21a- 23c.28b-30c mit Auslassungen; von Hartmut von Hentig neu übersetzt unter Verwendung der Übersetzung von Otto Apolt, in: Die Philosophische Bibliothek Band 180, Leipzig 1918.

S. 184f, aus: Auszug aus dem Essay: La poésie francaise et le principe d'identité, deutsch von Friedhelm Kemp; zit. in: Ein Gedicht und sein Autor, Lyrik und Essay, hrsg. und mit einer Einleitung versehen von Walter Höllerer. Literarisches Colloquium, Berlin 1967, S. 44ff.

S. 191, aus: Rudolf Otto Wiemer, Ungewaschene Gebete. Patmos Verlag, Düsseldorf 1987.

S. 195, aus: Nelly Sachs, Fahrt ins Staublose. © Suhrkamp Verlag, Frankfurt/M. 1961.

S. 196f, aus: Christine Lavant, Die Bettelschale. Otto Müller Verlag, Salzburg.

S. 214, aus: Hanns Dieter Hüsch, Du kommst auch drin vor. Kindler-Verlag, München.

S. 215f, aus: Franz Kafka, Erzählungen. © S. Fischer Verlag, Frankfurt/M., S. 169f.